십자가의 군병

은혜출판사

SOLDIER of the CROSS
by Samuel Lee

Copyright ⓒ 2001 by Dr. Samuel Lee
Originally published by Creation House Press
Lake Mary FL 32746 U.S.A
Korean translation copyright ⓒ 2001 by Grace Publisher
Seoul Korea
under the author's permission

추천의 말씀

  사무엘 리 박사는 그의 아내의 기도와 자신의 개인적인 예수님과의 만남을 통하여 어떻게 그리스도께로 나아왔는가 하는 역동적인 간증 거리를 가지고 있습니다.
  십자가의 군병이 되고자 하는 강력한 도전에 관해 더 많이 배우기를 원하는 모든 사람들에게 이 책을 추천해 드립니다.

조 용기 목사
한국 여의도 순복음 교회

헌정의 말씀

저의 가장 친밀한 친구이시며 동역자이신 성령님께 삼가 이 책을 바치옵니다.
그 분은 인생의 여정에서 내 존재의 근원이시며 또한 영감의 근원이 되신 분이십니다. 감사드립니다.

감사의 말씀

나의 아내 사라에게, 그녀는 나를 그리스도께 인도했습니다.
그리고 내 삶의 기장(colors)이기도 한 나의 사랑하는 두 아들 데이빗과 죠나단에게 ……

차 례

서문 / 11
한국어판을 내면서 / 13

1. 플라스틱 십자가 / 17
2. 누군가 문을 두드리고 있습니다 / 54
3. 나는 네게 줄 선물이 있단다 / 71
4. 나는 순종하리라 / 84
5. 모험은 시작되고 / 135
6. 행동을 취하십시오 / 154
7. 십자가의 군병들 / 166
8. 마지막으로 드리는 말씀 / 185

서 문

여러분이 지금 읽으시려고 하는 사무엘 리 박사가 쓴 "십자가의 군병"은 우리가 "증거의 권능"이라고 하는 것으로부터 묘사되었습니다.

논쟁 또는 의견은 이런 종류의 권능, 즉 어떤 받침대도 필요로 하지 않고 스스로 입증하는 변화된 삶에 대한 정직한 증거에 필적할 수 없습니다.

그리스도의 제자들이 끼쳤던 억제할 수 없었던 영향력은 항상 그들이 증거하는 증거의 권능으로부터 유출되어 나왔습니다. 성령의 권능으로 능력이 부여된 변화(transformation)는 계속적인 변화(change)를 산출할 뿐만 아니라, 부정할 수 없는 확실함도 산출해냅니다.

정직한 증거들은 구원받은 사람들에게나 구원받지 못한 사람들에게나 똑같이 진실하게 들립니다.

사무엘의 삶의 체험들도 그가 이 책에서 우리와 함께 터놓고 나눈 진리의 소리를 소유하고 있습니다.

그리스도 안에서 그의 삶은 단순히 자신만을 위해서 실재할 뿐만 아니라, 그것은 또한 그를 만나게 되는 다른 사람들에게도 전염되는 강력한 것입니다. 여러분이 믿는자로서 수년동안 걸어왔든, 아니면 여러분의 인생을 향한 그리스도의 부르심을 이제 막 깊이 생각하기 시작했든지 간에 주님으로부터 받은 사무엘의 경험과 가르침은 이러분의 내면에 기쁨과 새로운 동기를 가져다 줄 것입니다. 여러분이 사무엘과 함께 이 여행에 나설 때, 주님께서 여러분을 향한 새로운 문을 계속해서 열어주시길!

그리고 우리가 하나님의 마음에 응답함으로, 그리고 끊임없이 절망적인 세상의 필요에 응답해 주심으로 주님과 그분의 나라가 우리 모두를 통하여 계속 확장되어지기를!

데니스 피코크 (Dennis. T. Peacocke)
Strategic Christian Services 대표
산타로사, 캘리포니아

한국어판을 내면서

2000년전 이래, 하나님의 나라는 전진해오고 있으며, 이 하나님의 나라를 성장으로부터 멈추게 할 수 있는 것은 아무것도 없습니다.

초대교회는 3세기도 걸리지 않고서 로마제국을 전복시킬 수 있었던 권능과 승리의 증거를 가지고 있었습니다.

그들에겐 개량된 대포, 미사일 또는 탱크도 없었습니다.

그들이 가지고 있던 유일한 것은 그들을 산채로 불에 타도록 하고, 사자에게 먹히거나 십자가에 거꾸로 달아져 순교로 죽게 했던 그들의 메시지와 증거를 나누고자 했던 용기였습니다.

그들은 진실로 십자가의 군병들이었습니다.

아시아 또는 아프리카의 독재 정권도, 공산주의나 어떤 광적인 종교 정부도 하나님 나라의 성장을 멈추게 할 수는 없었음을 역사는 입증합니다.

오늘날에조차 중국에서, 사우디 아라비아에서, 그리고 이라크와 전 세계 다른 많은 지역에서 수많은 사람들이 구원을 받고 하나님 나라로 들어오고 있습니다.

그러나 치루어져야 할 댓가가 있으며, 나누어져야 할 증거들이 있습니다. 또한 드려져야 할 기도, 그리고 마땅히 그렇게 되어야 할 투자가 있습니다.

한때 한국은 불교와 샤머니즘의 나라였습니다.

그땐 아무도 복음에 귀를 기울이려 하지 않았습니다.

그럼에도 불구하고 예수 그리스도의 복음이 한국에 전파되었음을 하나님께 감사드립니다.

그러나, 치러야 했던 댓가는 컸습니다. 그들이 믿었던 메시지 때문에 목사님들, 복음 전도자들, 그리고 평신도들, 어린이와 노인들이 엄청난 고통을 받았고, 죽임을 당했으며, 불에 타 죽었습니다.

그들은 그들의 피로서 댓가를 치렀습니다. 그래서 오늘날 높은 기술력을 가진 한국에서 남·녀 젊은이들이 손에 성경책을 들고, 어느 누구도 그들을 막거나 제지하는 일 없이 거리로 나갈수 있으며, 도시 모퉁이마다 있는 열려진 교회로 들어갈 수 있는 것입니다.

이것은 믿음의 선진들이 값을 치루었기 때문에 가능한 것입니다. 그들은 진실로 십자가의 군병들이었습니다.

뉴 밀레니엄의 한국은 더 이상 가난한 나라가 아닙니다. 한국은 현대풍의 나라이며, 기술력의 나라입니다.

오늘날 평균적인 한국 어린이들은 우수한 교육을 받으며, 그리고 다양한 사회적, 경제적인 혜택을 누립니다.

부모들은 그들의 자녀들이 인생을 향유할 수 있도록 때로는 너무 지나칠 정도로 할 수 있는 모든 것을 하고 있습니다.

오늘날 한국은 전세계에서 가장 큰 교파나 교회들을 가진 국민의 30%가 그리스도인인 나라입니다.

많은 목사님들과 기독교인 봉사자들은 다른나라와 비교해서 가난으로 고통을 받지는 않습니다.

이것으로 인해 하나님께 감사드립니다!

그러나 여러분들이 이 책을 통하여 하나님의 음성을 듣지 않고 계

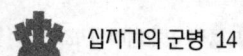

시다면, 지금 나는 여러분과 한국의 모든 그리스도인들에게 여러분이 어디서 왔는가를 잊지 않도록, 예수 그리스도의 복음을 위한 여러분의 사랑과 열정이 느슨해지지 않도록 도전을 주고 있습니다.

나는 모든 한국 그리스도인들에게 호소합니다.

여러분의 모든 역량과 모든 에너지, 여러분의 모든 열정과 모든 부를 예수 그리스도의 복음을 위해 사용하십시오.

하나님은 당신을 필요로 합니다. 당신은 큰 회사의 사장일 수도 있으며, 가정에서 어머니일 수도 있습니다. 또는 학교에서 공부하는 십대 청소년일 수도 있습니다.

예수 그리스도께서 당신을 위해 행해주신 것을 다른 사람들과 함께 나누고자 하는 열정을 당신이 가지고 있는 한, 당신이 누구인가에 관계없이 하나님은 당신을 필요로 합니다.

예수님께서 말씀하신 것을 기억하십시오.

"이 천국 복음이 모든 민족에게 증거되기 위하여 온 세상에 전파되리니 그제야 끝이 오리라" (마태복음 24:14)

하나님께서 여러분을 축복하시길, 이 책을 읽으심으로 주 예수 그리스도께서 당신의 능력을 새롭게 하고 갱신하시길 기도드립니다.

당신의 삶이 결코 이전과 같지 않을 것을 저는 100% 확신합니다.

그리스도의 사랑 안에서
사무엘 리

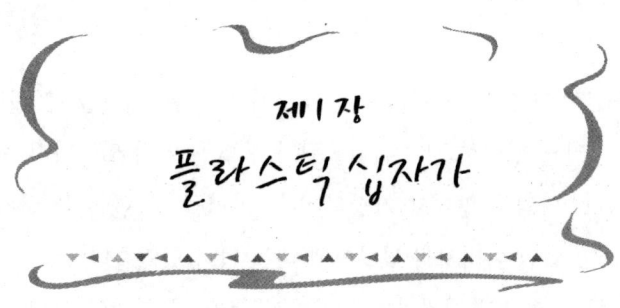

제1장
플라스틱 십자가

주님안에서 사는 삶은 여행입니다. 그분의 좁은 길은 도전들로 가득차 있는 반면, 그 길은 승리로운 삶으로 향하는 탈출이기도 합니다. 내가 중동지역에서 태어났을 때, 내 자신의 여행은 시작되었습니다.

나는 평균적 서구인들의 가치관과는 전혀 다른 모슬렘 나라에서 성장했으며, 나는 하나님에 대해 엄청난 두려움을 가지고 있었던 것을 기억합니다.

나는 아브라함, 이삭 그리고 야곱의 이야기를 들으면서 성장했습니다. 그러나, 물론 그 이야기들은 그들에 관해서 모슬렘식으로 각색한 것이었습니다! 아마도 여러분들이 이것을 이해하기는 어려울 것입니다. 그러나 나는 그 당시 내가 알았던 하나님을 언제나 사랑해 왔습니다.

그는 누구인가?

예수님께 대한 나의 관심은 내가 겨우 여섯 살이었을 때 시작되었습니다. 어느 평범한 날, 그러나 뭔가 특별한 일이 일어나려 하고 있었습니다. 나의 고향에서 가장 붐비는 거리들 중 한 곳을 천천히 운전해 가고 있던 아버지의 옆자리에 나는 앉아 있었습니다.

사람들이 도로의 가장자리를 따라서 여러 가지 과일과 채소, 책과 잡지, 낡은 신문들을 그리고, 여러분이 생각해낼 수 있는 거의 모든 종류의 것을 어떻게 팔고 있는지 보는 것은 재미있었습니다.

내게 있어서, 여러분들은 거기서 거의 모든 것을 살 수 있었던 것처럼 보여졌는데, 그때 갑자기 무언가가 나의 주의를 강하게 끄는 것이 있었습니다.

내가 어떤 노인이 팔고 있는 그림들을 자세히 볼 수 있을 정도로 아버지는 천천히 운전하고 있었습니다.

나는 하나씩 하나씩 아름다운 그림을 보면서 찬탄하고 있을 때, 갑자기 그 그림들 중 하나가 나의 마음을 완전히 빼앗아 버렸습니다. 내 앞에 반정도 벗겨진 채로 십자가에 달려 있는 한 남자의 그림이었습니다. 그의 얼굴은 아래로 향해 있고 마치 울고 있는 듯했습니다. 그는 고통받고 있었는데, 나는 그의 심한 고뇌와 고통을 어느 정도 느낄 수조차 있었습니다.

나는 재빨리 아버지께 물어보았습니다. "저 사람은 누구입니까?" 아버지는 말했습니다. "사람들이 그에게 매우 분노했으므로 예수님을 십자가에 못박았는데, 그는 다른 모든 예언자들과 같이 알라의 예언자들 중 한 명이란다."

아버지가 그렇게 말씀하셨음에도 불구하고, 그 그림을 봄으로 인해 내 안에 뭔가가 일어났습니다. 그 그림은 나를 감동시켰습니다. 사실, 그가 달려 있는 십자가의 그림을 결코 잊어본 적이 없습니다. 그 때 나는 그가 왜 고통스러워하며 울고 있는지 이해할 수 없었습니다.

그는 왜 고통을 받았는가? 그는 왜 그 십자가에 달리셨을까? 누가 그 사람에게 그런 짓을 했는가?

이런 질문들을 거듭거듭 스스로에게 던져 보았습니다.

하나님께서 내 마음의 외침을 들으셨습니다. 꼭 일년 후, 부모님은 나를 한 크리스챤 학교에 등록시켰습니다. 비록 나의 가족들은 모슬렘이었지만, 내가 그 학교에서 공부할 수 있었던 것은 부유한 집안 아들들이 사립학교에 다니는 것이 관습이었기 때문입니다. 나로선 매우 다행스럽게도 그때 나의 조국의 사립학교들은 거의 대부분이 그리스도교 정통파 또는 카톨릭이었습니다.

그 그림에 있던 그 사람은 왜 십자가에 달렸는가를 찾기 위한 나의 여행은 계속되었는데, 그 학교 운동장 한 가운데 탑이 있는 크고 오래된 교회를 내가 아무도 몰래 가보았을 때까지 계속되었습니다.

비록 지역의 그리스도인들은 일요일마다 거기서 예배를 드렸지만, 그 교회는 주중에는 닫혀져 있었습니다. 어느 날, 나는 호기심 때문에 견딜 수가 없었습니다. 그래서 나는 내부를 자세히 보기 위해 교회 창문을 넘어 들어갔습니다.

교회 내부를 들여다보자마자, 나는 그 동일한 남자의 초상화를 보았습니다. 역시 그는 십자가에 달려 있었습니다.

그때 이 초상화의 인물에 대해 알고자 하는 나의 열망이 더욱 더 커졌습니다. 내 안에서 무언가가 불타오르고 있었습니다. 나는 그에 대해서 더욱 알기를 원했습니다.

하나님의 인도하시는 손길은 분명히 역사하고 있었습니다. 정통파 크리스챤인 새 친구를 학교에서 만났기 때문입니다.

내가 첫 번째로 알게 된 바로 그 친구가 크리스챤이었다는 사실에 우연의 일치와 같은 어떤 동시성이 있다고는 전혀 생각하지는 않았지만, 십자가 위에 달려 있는 그 남자에 관해 물어 보아야 할 바로 그 사람인 것처럼 보였습니다.

그 친구는 "그 남자는 이사(Isa=Jesus), 메시야이시다"고 대답한 후, "로마인들이 그 분을 죽였다"고 덧붙였습니다.

그 친구의 대답은 예수님에 관해 알고자 하는 불타는 나의 갈망에 마치 기름을 붓는 격이 되었습니다.

사실 나는 일곱 살짜리 친구에게 그 분에 관해 많은 질문들을 했습니다. 그 무렵 나는 더더욱 알기 원했기 때문에 예수님의 이야기에 관한 소책자들을 구입하기 위해 서점을 드나들기 시작했습니다. 아름다운 그림들과 이야기들을 즐겼을지라도, 그런 그림들과 이야기들이 의미하는 바를 내가 이해하기란 여전히 어려웠습니다.

그러던 어느 날, 나의 꼬마 친구가 내게 놀랄만한 뉴스를 말해 주었는데, "예수님은 죽지 않으셨고 그 분은 살아 계신다. 그리고 그분께서는 우리가 지금 말하고 있는 것조차도 듣고 계신다"고 말하는 것이었습니다.

이것은 나에게 놀랄만한 뉴스였습니다. "예수께서 살아 계신다!"

나의 조국 상황들은 급변하기 시작했습니다.

그러나 정치적 극단주의자들이 권력을 얻기 전에 하나님께서는 내가 예수님에 관해 배웠던 것들을 확신케 해주셨습니다.

내 조국에서 정치적 극단주의자들이 권력을 장악했을 때, 엄청난 살육이 있었는데, 그것은 마치 대살육과도 같았습니다. 모든 크리스챤 학교들은 폐쇄되었고, 나와 가장 가까웠던 친구도 그 나라를 떠나야만 했습니다.

그 친구와 마지막으로 함께 있던 동안, 그 친구는 자기 아버지가 이제 곧 그리스도인들에게 어려운 시기가 닥치게 될 것을 믿기 때문에 그 나라를 빨리 떠나야 한다고 내게 말했습니다.

자기와 가족 모두가 떠나게 되고 다시 돌아올 수 없을 거라고 그 친구가 내게 말했을 때, 눈물이 나의 얼굴을 타고 흘러내렸으며, 슬픔으로 나의 작은 가슴은 메어져 왔습니다.

친구가 나를 떠나기 전에, 그는 자기 목에 걸고 있던 플라스틱 십자가를 풀어 그것을 나에게 건네 주는 것이었습니다.

그가 내게 말하길 "나는 염려하지 않아. 그 십자가가 나로 하여금 언제나 그 분을 생각나게 해 주었거든, 그리고 그렇게 하는 것은 내가 도움을 필요로 할 때 언제든지 나를 지켜주시기 때문이지"라고 하는 것이었습니다.

그는 떠나갔으며, 결코 그를 다시 볼 수는 없었습니다. 비록 그 친구는 떠나갔지만, 그 친구와 함께 했던 잊을 수 없는 기억들은 여전히 간직하고 있습니다.

하나님의 선하심과 은혜로 오늘날에도 여전히 그 친구의 얼굴과 그가 하던 이야기, 그리고 그 플라스틱 십자가는 그때 일을 기억나게 하는 아름다운 추억으로 내 가슴 속에 계속 메아리치고 있습니다. 그 일곱 살짜리 내 친구는 내 안에 씨앗을 심어 놓았습니다!

  그 플라스틱 십자가는 내게는 매우 귀중한 것입니다.
  사실 나라의 상황이 크게 변하고 나의 어머니가 그 십자가를 목에 걸고 다니는 것을 위험하다고 나에게 충고해 주시기까지, 나는 언제나 그것을 지니고 있었습니다.
  "더구나 우리는 그리스도인도 아니잖아"라고 어머니는 내게 말했습니다.
  그 후로 나는 그 플라스틱 십자가를 결코 다시 볼 수는 없었습니다. 내가 그것을 잃어버렸거나, 아니면 어머니가 그것을 치워버렸거나 둘 중 하나임에는 틀림없습니다.
  비록 이러한 나라의 상황이 내게 도전해 왔을지라도 내 마음에 자리한 예수님을 향한 천진난만한 사랑을 아무도 앗아갈 수 없었습니다.
  나의 나라에서 내란(civil war)이 계속되는 동안 모든 상황은 극적으로 변했습니다. 예수님께 관한 책을 구입하기가 더 이상 쉽지 않았습니다. 어느날 나는 평소 예수님에 관한 소책자를 구입하곤 하던 그 가게에 다시 갔습니다. 나는 주인에게 아직도 예수님에 관한 책과 예수님의 초상화를 팔고 있는지 물어 보았습니다. 그러자, 그는 화를 벌컥 내면서 말했습니다. "이것봐 너는 그리스도인이 아니야. 나는 네게 그런 책들을 팔 수 없어" 나는 그에게 말했습니다. "나는 내가 그리스도인임을 하나님께 맹세합니다" 내가 거짓말을 했기 때문에 나는 훌륭한 그림과 함께 크리스챤 책을 구입할 수 있었습니다. 그리고 나는 비밀리에 침대 속에서 그 책들을 읽었습니다.

매일밤 나는 예수님께 기도했으며, 그분께 나를 보호해 달라고 기도하곤 했습니다.

예수님께서 여전히 살아계신다는 사실을 아는데서 나는 평안을 찾았습니다.

나의 귀중한 친구가 예수님은 죽음에서 살아나셨고, 그리고 그 분은 어느날 세상을 변화시키기 위해 다시 오실 것이라고 내게 말해주었기 때문에 나는 이것을 알았던 것입니다.

나의 조국에는 자유가 없었습니다.

나라의 상황은 끊임없이 변화해 갔습니다. 우리에게는 더 이상 자유가 없었습니다. 영화에서 본 것을 제외하곤 내 삶 가운데서 그렇게 많은 군인들을 결코 본 적이 없었습니다.

그리스도인 학교들은 문을 닫았고 많은 그리스도인들은 그 나라를 떠나 유럽이나 미국으로 피했습니다.

나는 코란과 계시종교를 공부하는 한 이슬람 고등학교에 다니게 되었습니다. 어느날 종교수업 시간에 우리는 기독교에 관한 주제를 공부했는데, 그 내용은 특별히 예수님에 관한 것과 마리아의 이야기였습니다.

그 날의 수업은 내 믿음을 흔들어 놓았으며, 내 마음을 상하게 했습니다. 그 수업을 담당하는 선생님이 말하기를 예수님은 예언자들 중 한 명이며, 그러나 어떻든 알라로부터 위임된 사명을 적절히 감당할 수 없었다는 내용이었습니다.

그래서 예수님이 충족시킬 수 없었던 것을 충족시키기 위해서 모하메드가 왔다는 내용의 말이었습니다.

그 선생님이 또 우리에게 말한 핵심은 모하메드는 하나님의 마지막 선지자라는 것이며, 예수님조차도 모하메드가 올 것을 예언했다고 말하는 것이었습니다.

예수님의 죽으심에 관해서 그 선생님은 예수님에게는 "유다"라는 한 제자가 있었는데, 그는 예수님을 닮았다고 말했습니다. 그래서 로마 병정들이 실수를 해서 예수님 대신에 유다를 죽였다는 것이었습니다. 이것이 또한 예수님이 거리에서 걸어가는 것을 그들이 보았다고 생각했을 때, 몇몇 제자들이 그들을(The Romans) 어리석었다고 비웃었던 이유였다고 하는 것이었습니다.

그들은 예수님이 죽음에서 살아났다는 것을 믿기 시작했다고 말했습니다. 그리고 계속해서 그는 그것은 사실이 아니라고 말했습니다.

나는 선생님의 말을 믿었습니다. 그래서 그 몇 분 동안에 나의 내적 세계는 붕괴되어 내려앉았습니다. 나의 부드러운 마음은 깨졌으며, 내 친구에 대해 분노하기 시작했는데, 그가 나에게 거짓말을 했다고 생각했기 때문입니다. 나는 예수님과 그리고 어릴 때 읽고 들어왔던 모든 이야기들에 대해 크게 실망했습니다. 이러한 내적인 실망은 반항으로 변했습니다.

사실 십대 시절동안 나는 분노한 반항자로 변했습니다. 비밀스럽게 읽어오고 있던 예수님에 대한 책들을 읽는 대신, 나는 이슬람과 코란에 흥미를 갖게 되었으며, 이슬람에 관한 종교서적을 읽는 것을 즐기게 되었습니다.

그러나 코란에 대한 나의 열정은 오래가지 않았습니다.

코란을 읽는 시험을 준비하던 어느날, 나는 그것을 단순히 읽는 대신에 노래로서 찬양하고 싶다고 선생님께 부탁하기로 작정했습니다. 코란을 영창(chanting) 또는 노래로 하는 것은 그것을 단순히 읽기만 하는 것보다 더욱 가치있게 여겨졌기 때문에 이런 결정을 하였던 것입니다.

이 준비과정에서, 나는 매우 열심히 밤낮으로 연습했습니다.

선생님 앞에서 내가 코란을 노래해야 할 때가 드디어 왔을 때, 선생님이 매우 좋은 점수를 주실 만큼 대단히 좋아하실 것이 틀림없다고 확신했습니다.

그러나 그의 반응은 내가 기대했던 것과는 많이 달랐습니다. 내가 그 시험에서 실패했음을 그가 발표했을 때, 나는 믿을 수 없는 사실에 크게 충격을 받았습니다. 그가 말하길 내가 마치 팝음악을 노래하듯이 코란을 노래했다는 것이었습니다.

내가 얼마나 진심으로부터 코란을 노래했는가에 대해, 그리고 지금 선생님이 그것은 충분히 좋지 않다고 내게 말한 것을 나는 생각해 보았습니다.

내 마음 깊은 곳에서 우러러 나오는 마음으로 내 자신을 표현했기 때문에 이 일로 인해 나는 크게 상처를 받았으며, 결과적으로 내가 신봉하던 종교의 모든 것에 실망하기 시작했습니다.

사실 이젠 두 번 다시 어떤 종교와도 더 이상 관계하지 않기로 결정했습니다.

예수님의 부활에 대해서 나의 선생님이 내게 거짓된 것을 말해 의심을 유발시켰을 때, 내 마음은 찢어져 낙심되었기 때문에 나의 실망은 더욱 커지기 시작했습니다.

오늘날 수많은 신학자들처럼 그리스도인 믿음의 가장 근본적인 부분인, 예수 그리스도의 부활을 공격했습니다.

예수님은 살아나셨다.

예수 그리스도의 부활에 관해서, 여러 가지 견해의 학파가 있습니다. 어떤 학파들과 철학자들은 예수님은 부활하지 않았음을 입증하려고 시도합니다. 또 어떤 이들은 예수는 쌍둥이 형제가 있었으며, 예수께서 십자가 위에서 죽으셨을 때, 그의 형제가 예수님의 역할을 대신했다고 강력히 주장하기도 합니다.

또 어떤 학자들은 역사적으로 예수님의 존재를 부인하기조차 합니다.

그들은 예수님을 신화 속의 인물로서 간주합니다.

하지만 예수 그리스도는 진실로 부활하셨음을 입증하는 몇 가지 사실들이 여기 있습니다.

1. 무덤 위에 인봉이 터졌습니다.

마태복음 27장 66절에 기록되어 있습니다.

무덤에 예수님을 매장한 후, 커다란 돌이 입구 앞에 놓여졌습니다. 그 무덤은 인봉되었습니다. 그리고 어떤 사람도 무덤에 접근할 수 없도록 확실히 하기 위해, 또 굳게 지키기 위해 파수꾼이 배치되었습니다. 그 인봉은 로마제국 권위의 상징이자, 힘의 상징이었습니다.

만일 어떤 사람이 그 인봉을 파했다면 그는 로마 제국의 통치 질서를 깨뜨리는 것입니다. 그러므로 그에 대한 처벌은 십자가에 거꾸로 매달리는 사형 언도를 받게 되었을 것입니다.

그래서 어느 누구도 감히 무덤 가까이 접근할 수 없었고, 그 인봉을 허물 수 없었습니다.

2. 커다란 돌이 옮겨졌습니다.

천사들에 의해 돌이 굴려져 나왔다는 사실이 성경에 기록되어 있습니다. 역사학자들이 말하기로는 이런 종류의 돌들은 관습상 대단히 큰돌이었으며, 보통 1.5~2톤의 무게(거의 2000킬로그램)가 나간다고 합니다.

그러므로 어떻게 한 사람 또는 한 무리의 사람들이 이 거대한 돌을 밀어낼 수 있었겠습니까?

여러분이 성경을 주의깊게 읽을 때, 여러분은 그 돌로 무덤의 입구를 막았음을 발견할 것입니다.

"굴려서 막다(Rolled against)"가 의미하는 바는 그 돌이 너무나 커서 그것을 옮기기가 불가능했음을 나타내고 있습니다. 이것으로인해 그 무덤은 경사진 곳에 위치해 있었음을 알 수 있습니다. 마태복음 28장 2절은 한 천사가 그 돌을 "굴려냈다(rolled back)"고 말씀하고 있습니다.

이 말씀이 우리에게 시사해주는 바는 그 천사가 그 돌을 경사진 곳에서 위쪽으로 밀었음을 나타내고 있습니다. 2톤이나 나가는 돌을 위쪽으로 밀어내는 것은 사람에 의해서는 도저히 불가능한 것입니다.

3. 로마인 파수꾼

무덤을 둘러싸고 지키던 파수꾼들은 잘 훈련되어 있었습니다. 그들은 자기들에게 주어진 명령에 복종하지 않으면, 죽게 된다는 사실을 잘 알고 있었습니다.

어느 누가 어떻게 이러한 파수꾼들의 감시를 뚫고 눈치채지 않고 통과하여, 무덤을 열고 예수님의 시체를 훔쳐갈 수 있었겠습니까?

4. 빈 무덤과 세마포의 매장

그 무덤 안에는 아무도 없었다는 사실을 우리는 읽습니다. 그러나 매장되었던 세마포는 전혀 손상되지 않은 원모습 그대로 남아 있었는데, 바꾸어 말하면 그것이 예수님의 몸 주위를 둘러 쌌을 때의 그 모양처럼 여전히 정확한 형태 그대로였습니다.

만일 누군가가 참으로 예수님의 시체를 훔쳐 갔다고 한다면, 어떻게 이런 일이 가능할 수 있겠습니까?

어느 누가 예수님의 몸을 벗길 수 있었겠으며, 무덤에서 세마포의 형태가 그대로 동일하게 남아있는 동안 예수님을 밖으로 들고 나올 수 있었겠습니까?

우리 그리스도인들의 믿음은 예수 그리스도의 부활에 기초하고 있습니다. 예수 그리스도의 부활은 기독교를 그만큼 독특하고 특별하게 만들어 주는 것입니다.

이 세상에 있는 수 천가지 믿음의 체계들 중에서, 기독교는 부활의 역사적 증거를 제공하는 유일한 종교입니다. 사도 바울이 말하기를 "그리스도께서 만일 다시 살지 못하셨다면 우리의 전파하는 것도 헛것이요, 또 너희 믿음도 헛것이며"(고린도전서 15:14)라고 했습니다.

사도들이 복음을 전파하는 권능을 받은 것은 부활 안에서 믿음에 의해서입니다.

그리고, 복음의 모든 메시지는 예수께서 살아계신다는 사실에 기초하고 있습니다. 그리고 예수 그리스도께서 살아계시기 때문에, 그 분이 육신의 모양으로 이 땅에 계시던 3년간의 사역동안 행하셨던 것들과 동일한 것들을 오늘날도 그 분은 행하실 수 있습니다.

그 분은 오늘 날도 여전히 병든 자를 치유하시고, 죄를 용서하시며, 주린 자들을 먹이시며, 그리고 그 외 다른 많은 일들을 행하십니다.

부활이 없다면 히브리서 13장 8절의 말씀은 결코 유효하지 못할 것입니다. "예수 그리스도는 어제나 오늘이나 영원토록 동일하시니라"

만일 역사적 증거에 대해 의심하는 자들이 올바르며, 예수님이 부활하지 않았다면, 그때 우리는 치유에 대한 소망을 갖지 못하며, 또한 용서와 번영에 대한 소망도 갖지 못하며, 우리의 가족들과 우리의 나라들에 대해서도 소망을 가지지 못할 것입니다.

추운 서방세계

나의 종교담당 선생님이 나로부터 예수님은 부활하셨다는 나의 믿음을 훔쳐갔을 때, 나의 내적인 세계는 붕괴되었으며, 나의 소망은 단지 반항과 분노 속으로 사라져 갔습니다.

공산주의에 관한 칼 마르크스와 레닌의 책들을 읽을 때 내 나이는 16세였습니다. 예수님과 플라스틱 십자가, 그리고 나의 친구에 관해서는 다 잊어버렸습니다. 그 대신 고교시절 나는 지성적인 학생들로 구성된 어떤 그룹에 가입하였습니다.

나는 하나님의 존재를 부정하기조차 하면서 어리석은 질문들을 하곤 했기 때문에 종교 수업시간에는 여러번 블랙리스트에 올라 있었습니다. 그리고 끝내는 그 학교에서 완전히 추방되었습니다. 그러나 하나님께 감사드립니다.

학교에서 완전히 추방된 바로 그 주간에 나의 가족과 나는 그 나라를 떠나 서구로 향하는 것이 본격화 되었습니다!

나의 부모님은 우리가 가지고 있던 모든 것들, 살던 집, 사용하던 자동차들, 우리 가족 소유의 가게들, 돈이 되는 모든 것을 다 팔았습니다.

"너는 용감하고 강해야 하며, 그리고 공부도 잘해야 한다"고 아버지는 내게 말씀하셨습니다.

"너 때문에 서구로 가기 위해 우리가 가진 모든 것을 팔고 있는 거야"

가족들이 나를 위해 커다란 희생을 치르고 있다는 사실을 아버지는 내게 말씀하셨으며, 또 가족들을 실망시키지 말 것을 부탁하셨습니다.

나는 아버지 말씀을 들었습니다. 그러나 내 마음엔 다른 것들이 있었습니다.

서구의 여자들은 키가 크고, 금발인데다, 매우 아름답다고 친구들은 내게 말했습니다.

그 친구들이 또한 나에게 말하기를, 나는 거기서 여자친구를 가지게 될 것인데, 그것이 내가 진정한 남자라는 사실을 입증해 주기 때문이라는 것이었습니다. 여자들은 머리부터 발끝까지 가리우는 그곳의 오래된 전통들을 뒤로하고 나의 조국을 떠났을 때부터 나는 급격히 전혀 다른 세계로 들어갔습니다.

공항에서 두 남자가 키스하고 있는 것을 보았습니다.

거의 반은 벗다시피한 여인이 주변을 걸어가는 것도 보았습니다.

"우, 만일 저들이 나의 조국에서 저렇게 했다면 저 사람들은 돌에 맞아 죽을텐데!"라고 혼자서 속으로 생각했습니다.

사람들, 언어, 텔레비전 채널, 내게는 모든 것이 새로웠습니다. 언제나 내 키가 크다고 생각해왔는데, 서방 사람들을 볼 때, 나는 세상에서 가장 키가 작은 사람으로 느껴졌습니다.

비록 서구는 내게 새로운 것이었지만, 다른 사람들은 마치 내가 매우 다른 것처럼 나를 보고 있다는 사실을 알아차릴 수 있었습니다.

사람들은 마치 내가 정글에서 나온 듯이, 또는 내가 이상한 종류의 식물처럼 나를 보곤 했습니다. 그리고 또한 내가 알게 된 것은 어떤 사람들은 나를 좋아하지 않는다는 사실이었습니다.

서구에서의 학교생활

　새로운 언어를 익히기 위해, 어느 학교에 출석해야 할 시간이 금방 나에게 다가왔습니다. 그것은 매우 고되었지만, 나는 열심히 노력했으며, 최선을 다했습니다.
　그리고 무슨 일이 일어났는지 추측하실 수 있겠습니까? 나는 새로운 친구를 사귀었는데, 거듭난 아프리카 젊은이였습니다. 서구에서조차 나의 첫 친구는 그리스도인이었습니다!
　우리는 밤낮으로 함께 공부했습니다. 우리같은 외국인들도 역시 총명하다는 사실을 입증하고자 하는 목적만으로 가끔은 밤 늦게까지 공부하곤 했습니다.
　우리는 6개월이 채 되기도 전에 새로운 언어를 습득했으며, 일년 후 우리는 최우수 학급에 배정받았습니다. 이것은 우리가 입학하기 원하는 어떤 대학에 갈 수 있다는 사실을 우리에게 보장해 주는 것이었습니다.
　지방 신문들조차도 우리의 이야기를 취재하기 위해 달려 왔습니다.

　나의 아프리카 친구는 겸손하고 단정했습니다.
　우리가 언제나 다투는 한 가지이자 유일한 주제는 예수 그리스도에 관한 것이었습니다.
　친구는 언제나 그 분에 관해 내게 말하곤 했습니다. 그러나 나는 그 얘기라면 더 이상 듣기를 원하지 않았습니다. 나의 첫번째 친구가 예수님에 관해 내게 말한 이후로 많은 일들이 일어났습니다.
　사실 나는 나의 사상으로 이 새로운 친구에게 영향을 끼치려고 시

 십자가의 군병 32

도하기조차 해 보았습니다. 그리고 나는 그가 무신론자가 되도록 그를 확신시키려고 시도하기도 했습니다.

그러나, 웬일인지 그는 나보다 더 강했습니다! 우리는 매우 자주 논쟁하고 토론했으며, 항상 싸움으로 끝냈습니다.

나는 예수님을 부정했으며, 오히려 예수님을 비웃었습니다. 그리고, 예수님을 반대하는 글을 쓰기조차 했습니다.

나는 무언가 숨기려고 시도하고 있었으므로 이런 일들을 행했습니다. 그리고 나의 아프리카 친구는 이것에 관해 모든 것을 알고 있었습니다. 나는 하나님께 대한 나의 실망을 숨기고 있었습니다. 또 다시 실망 당하게 되는 것을 원치 않았으며, 그래서 나는 예수님은 단지 거짓말임을 믿도록 자신을 방치했습니다.

내가 반항하면 할수록 나는 더욱 더 슬퍼졌으며 의기소침해져 갔습니다. 나는 나의 학업을 통하여 오직 훌륭한 사람이 될 수 있다고 믿었습니다.

그래서 나의 모든 노력을 열심히 공부하는데 쏟아 부었습니다. 나는 누구와도 교제하지 않았기 때문에 친구들은 나를 "할아버지"라고 부르곤 했습니다.

그들이 술을 마시거나, 여자 친구들과 어울려 시간을 낭비하는 동안 나는 집에 머물며, 밤 늦은 시간까지 나의 숙제를 했습니다.

그때, 나는 제3세계 나라 사람들의 권익을 위해 싸우는 국제변호사가 되길 원했습니다. 내 자신의 길에서, 가난한 사람들과 억압받는 사람들의 영웅이 되고자 했습니다. 몇몇 이유들로 인해, 고등학교를 졸업한 후 내 마음을 바꾸어 제3세계 사회학(Third world sociology)을 공부하기로 결정했습니다.

나는 세상을 어떻게 변화시킬 건가에 대해 몽상하며 자신의 생각들을 펼쳐가기 시작했습니다.

그러나 어느날, 내가 좋아하던 교수님이 "세상을 변화시킨다는 것이 그렇게 간단히 가능한 것이 아니라"고 말했을 때, 나의 허무한 계획은 허물어져 버렸습니다.

그는 지난 25년 동안 그 일을 하려고 시도해 왔지만, 그것이 잘 이루어지지 않음을 발견했다고 말하는 것이었습니다.

나는 다시 실망했으며, 용기를 잃었습니다.

나는 어둡고 무의미한 기간으로 들어갔습니다.

어느 것에도 어떤 사람에게도 관심이 없었습니다. 내가 관심을 가진 모든 것은 내 자신과 나의 인생에 대해서였습니다. 나는 가족들과 친구들에게 점점 공격적이고, 거칠어져 갔습니다.

예수님이 해답입니다!

이런 모든 것들의 한 가운데서 '사라' 라는 이름의 한 소녀를 알게 되었는데, 그녀는 우리 집에서 몇 집 건너서 살고 있었습니다.

매일 아침 나는 긴 머리를 하고 노래하면서 지하철을 향해 걸어가는 이 아름다운 한국 소녀를 보곤 했습니다.

나는 그녀를 좋아하게 되었으며, 그녀 역시 나에게 호감을 가졌습니다. 그러나 우리는 우리안에 불타고 있던 사랑에 대해 감히 서로 말하지 않았습니다.

나의 가족이 새로운 이웃으로 이사가려고 할 때, 그녀는 내게 접근

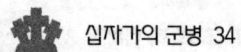

해 왔습니다. 우리는 그때 친구가 되었으며 데이트하러 나갔습니다. 그녀가 자신의 인생에 대해 내게 말해준 후, 그녀가 얼마나 많은 고통을 받았는지를 알게 되었습니다.

얼굴의 한 부분이 그녀가 어렸을 때 불에 데었습니다.

오늘날에도 여전히 그녀의 얼굴에는 불에 덴 자국이 있습니다. 그러나 그녀는 대단히 여유있고, 아름다웠으므로 나는 이 고통의 자국을 알아차리지조차 못했습니다.

대부분의 서구 여성들은 자신들의 불완전한 결점을 감추기 위한 화장품 값으로 수천 달러씩 지출했다는 사실을 알게 되었습니다.

그래서 그녀가 의기소침해지지 않고, 그녀 자신을 어떻게 다스릴 수 있었을까 하는 사실이 나를 놀라게 했습니다.

내가 그녀를 더 알면 알수록 더욱 더 그녀의 기쁨이 내가 처해 있던 비참한 삶 위에 비추어지는 듯 했습니다.

그래서 나는 삶에서 평안과 만족해하는 그녀의 비밀에 관해 물어보기로 결정했습니다. 그녀에게 그토록 많은 능력과 내적 평안을 주는 그것이 무엇이었는지? 그녀를 그렇게 특별하고 즐겁게 해 주는 것이 무엇이었는지?

그녀의 이러한 행복을 가져다주는 어떤 종류의 약이라도 먹고 있는지 그녀에게 물어 보았습니다.

그녀는 한동안 아무런 말이 없었습니다. 그리고 그때 그녀는 "아니오. 나는 어떤 약물도 사용하고 있지 않습니다"라고 말했습니다.

그녀는 작은 책을 꺼내며 말했습니다. "이것이 바로 제가 쓰는 것이에요"

이 책을 내게 주기를 오랫동안 원했지만, 가장 좋은 기회가 오길 기다려왔다는 사실을 내게 말하였습니다.

나는 그 책을 들고 표지를 읽어 보았는데, '성경'(The Holy Bible)이었습니다.

"이 책이 어떻게 당신을 행복하고 평안케할 수 있습니까?" 나는 그녀에게 되물었으며, 계속해서 그녀에게 말했습니다. "내 서재는 책으로 가득차 있지만, 그것들 중 어떤 책도 여태껏 나를 행복하게 해주지 못했어요. 사실 그 책들은 현실적으로 나를 더욱 더 낙심시켰습니다!"

"나를 행복하게 하는 것은 단지 그 책뿐만은 아니에요. 그러나 그 책 뒤에 계시는 분이 그렇게 해주시지요."라고 그녀는 대답했습니다. 그녀는 나를 물끄러미 바라본 후, 말했습니다.

"예수님이 답입니다!"

나 자신처럼 수많은 사람들이 행복과 기쁨을 찾고 있다는 사실을 나는 곧 알게 되었습니다. 어떤 사람들은 부와 돈, 지위로 둘러싸여 있지만, 그들의 내면에는 어떤 종류의 결핍이 여전히 존재하고 있습니다.

공허함과 비참함이 그들의 인생을 지배하고 있습니다. 이러한 결핍과 사랑의 진공상태는 그 사람이 살아계신 하나님을 경험하는 것 한 번만으로 채워질 수 있습니다.

영원한 생명이신 하나님께서 죽을 수밖에 없는 인생들을 예수 그리스도를 통하여 만져 주실 때, 남녀를 불문하고 그들은 영원한 기쁨과 행복을 가지게 될 것입니다.

그 분은 자기 백성들에게 최고의 것을 주시길 원하십니다. 이 모든 것들은 예수님과 함께 시작됩니다. 내가 여태까지 살아오면서 추구해 왔던 답이 바로 예수님이시라는 사실을 막 배우려는 참이었습니다.

나의 대답들

이제는 나의 아내가 된, 여자친구가 예수님이 해답이라고 선포했을 때, 짧은 시간동안에 예수님에 관해 배우던 모든 기억들이 되살아 났습니다.

나는 내 친구와, 플라스틱 십자가, 그리고 예수님의 초상화에 대한 기억이 떠올랐습니다.

나는 마음 속으로 말했습니다. "오 안돼. 다시는 안돼!"

내 가족은 모슬렘인 사실을 그녀에게 말했으며, 그리고 내가 믿으려 한다면, 태어나면서부터 수용해왔던 내 자신의 종교에 단순히 초점을 새롭게 맞춰야할 것이라고도 말했습니다.

"어쨌든 나는 어떤 종교도 필요하지 않아."

"뿐만 아니라, 내가 만약 그리스도인이 된다면, 나는 가족들로부터 쫓겨날 것이고, 나는 나의 모든 권리를 잃어 버리게 될 것이다"고 그녀에게 말했습니다.

그녀가 대답하길 "예수 그리스도는 종교가 아니에요! 예수 그리스도는 당신이 태어나면서부터 자동적으로 얻는 그런 것이 아니에요. 그 분은 한 번에 영원토록 당신이 선택하는 것입니다"

태어나면서부터 그리스도인이 되었다고 생각하는 그런 그리스도인들이 많이 있지만, 그러나 그들은 결코 그리스도와 함께 하는 개인적 경험을 가져본 적이 없다고 그녀는 내게 말했습니다.

그녀는 계속해서 말했습니다. "예수님은 날마다 우리와 함께 관계성을 가지시길 원하는 살아계신 인격이십니다."

"그 분은 우리가 사는 동안에 우리의 친구가 되시길 원합니다"

나는 그녀 말이 맞다는 걸 알았습니다. 나는 결코 모슬렘이 되기 위해, 유대교도가 되기위해, 힌두교도가 되기 위해 스스로 선택한 적이 없습니다.

나는 단지 내 부모님의 종교 안으로 태어났을 뿐이었습니다. 나는 선택하기 위한 권리를 가진 한 사람의 성인으로서 그 사실을 이해했습니다.

예수 그리스도는 태어나면서부터 자동적으로 받아들여지는 것이 아니고, 우리 마음으로 받아들여야 한다고 내게 말해주었습니다. 예수 그리스도는 우리의 문화로 인해 받아들여지는 분이 아니고, 우리의 선택에 의해 받아들여 지시는 분이십니다!

그녀가 말해야 했던 것을 나는 듣는 걸 좋아하지 않았습니다. 그래서 나는 그녀에게 말했습니다. "나는 세계에서 가장 큰 대학 중 한 곳에서 그런 것들에 대해 교육받은 사람입니다. 나는 이미 지식이 있으며 분별력도 가지고 있습니다. 그러므로 나는 하나님이든 예수님이든 나를 돕는 걸 필요로 하지 않습니다"

"나 자신이 내 인생의 하나님이다" 라고까지 그녀에게 말하기에 이르렀습니다."

그녀는 꾸밈없이 말했습니다. "이 세상의 모든 지식을 다할지라도 하나님의 권능이 너무나 뛰어나므로 설명할 수가 없습니다" 물론 그녀의 말이 옳았습니다.

내가 할 수 있었던 것이라곤 조그만 벌레를 생각하고 세상에서 가장 위대한 과학자들조차도 어떻게 벌레 한 마리도 창조할 수 없을까 하는 생각이었습니다.

아마 그들은 모형을 만들 수는 있겠지요, 그러나 그것은 여전히 진정한 실체가 아닙니다.

사람이 만든 지식에 의해서 설명되어질 수 없는 어떤 지성(an Intelligence)에 의해서 온 세상이 창조되었다는 사실에 나는 굴복되어져야 했습니다.

수년이 지난 지금, 하나님과 싸우거나 그 분을 모방할 수 있는 사람은 아무도 없다는 사실을 이해하기 시작했습니다.

나같이 죄많은 인간은 거룩한 하나님과 결코 맞설 수 없을 것 같았습니다. 놀랍게도 나는 깨지기 시작하고 있었는데, 세상의 모든 지식, 온 세상에 있는 수 천의 도서관에 있는 셀 수 없을 정도의 많은 책들에 있는 지식들을 다하여도 전능하신 하나님의 권능과 지혜에 비교하여 가까이 접근할 수조차 없다는 것에 대해 조금씩 열려져 가고 있었습니다.

증오와 분노

우리의 대화는 더욱 더 나를 혼란케 했으며, 또 화나게 만들었습니다. 모든 걸 알고 있다고 생각했지만, 나는 자신이 하나님이 아니란 사실을 이제야 발견하고 있었습니다.

내가 그녀의 집을 방문했을 때마다 매번 그들은 나에게 질문하곤 했는데, 거듭남에 대해 확신시키려고 시도하곤 했습니다.

그것보다 나를 더이상 화나게 하는 것은 없었습니다. 설상가상으로, 여자 친구 사라는 일요일마다 교회에 출석했습니다. 일요일은 나의 유일한 휴일이었기 때문에 교회에 가는 것에 대해 그녀에게 동의하지 않았습니다. 일요일마다, 나는 그녀와 함께 어딘가에 가서 즐거운 시간을 보내길 원했지만, 그녀는 나와 함께 어딘가 가는 것을 언제나 거절했습니다.

그 대신에 그녀는 교회에 출석하고서, 목사님이 그날 설교한 내용들을 내게 말해주곤 했습니다.

어느날, 나는 매우 화가 나서 어떻게 하여 교회 건물에 불을 질러 전소시켜 없애 버릴 수 있을까에 관해 생각하기조차 했습니다.

내 마음 깊은 곳에서 나의 분노가 잘못된 것이라는 사실을 알고 있었습니다.

어느날 이른 아침, 사라가 나에게 전화를 했는데 그녀의 어머니가 나를 만나보고 싶다는 것이었습니다.

그 집에 도착했을 때, 그녀의 어머니가 말했습니다.

"젊은이, 내 딸과 결혼하길 원한다면, 자네는 거듭나야 한다네. 자네는 자네의 인생을 전적으로 예수님께 드려야 한다네"

우리가 이 일에 관하여 논쟁했던 네 시간 동안 나는 노하여 펄펄 뛰었습니다. 끝내 나는 그녀의 어머니께 말했습니다. "따님을 그냥 데리고 계십시오, 나는 더 이상 그녀에게 정 나미가 떨어졌어요."

나는 자리에서 일어나, 문을 열고 뛰쳐 나왔습니다. 그 일이 있은 후, 그녀 가족으로부터 압력을 받아 사라와 나의 관계를 더욱 어렵게 만들었습니다.

새로운 친구

많은 논쟁들 후, 나는 허물어졌으며, 사라가 다니던 교회에 출석해 보기로 작정했습니다.

아주 좋은 곳이었습니다. 그곳에 와 있는 사람들은 행복해 보였지만, 다소 그들이 너무 억지가 센 것을 발견했습니다.

내가 그 교회를 방문했던 날은 필립이라는 초대손님이 그 교회에 오는 아주 특별한 날이었습니다.

그때, 그는 우리나라에 머물기 위해 왔던 한국인 선교사였는데, 그날 교회의 모든 사람들이 그가 도착하길 기다리고 있었습니다. 한국인 목사님은 공항에서 그를 모시고 왔습니다. 필립과 그의 아내 그레이스, 아들 다니엘 일행이 마침내 교회에 도착했습니다. 내가 필립을 처음 본 순간 그는 능력이 있고, 호의적인 사람으로 내게 강한 인상을 주었습니다.

우리는 친구가 되었습니다. 그는 거듭남에 대해서는 어떤 질문도 하지 않았습니다. 그 대신 그는 나에게 관심이 있었습니다. 그는 내 아버지의 나라, 나의 가족, 그리고 나의 공부에 관해서 물었습니다. 몇 번은 자신의 집으로 나를 초대하기도 했습니다. 우리는 음악을 듣고, 인생에 대해 이야기하면서 정말 훌륭한 시간들을 가졌습니다.

그러나 어느날, 그가 진지하면서도 예기치 못했던 질문을 내게 했던 것을 나는 기억하고 있습니다.

"당신은 구원받았습니까?" 라고 그는 물었습니다.

이 질문에 나는 매우 당황했습니다. 나는 종교와 함께 성장해 왔기 때문에, 어느 정도는 천국과 지옥도 믿었습니다.

악을 행하면서도 이 땅에 사는 동안 결코 벌을 받지 아니한 사람들은 틀림없이 어떤 종류의 형벌에 처해진다는 것도 알고 있었습니다.

그럼에도 불구하고, 나는 필립에게 대답할 수가 없었습니다. 내 인생은 죄로 가득차 있음도 알았기 때문입니다. 그러므로 나는 천국에 가게 된다고 말할 수 없었습니다. 또한 나는 지옥에 가게될 거라고도 말할 수 없었는데, 왜냐하면 그곳에 가길 원하지 않았기 때문입니다.

내가 죄인임을 알았으며, 그래서 그의 질문에 대답하려는 것은 나를 크게 당혹케 했습니다.

당신은 어디로 가고 있습니까?

당신은 어떻습니까? 당신은 구원 받았습니까? 당신은 어디로 가고 있습니까? 당신은 죽은 후에도 어디로 가게될 지 확실히 알고 있습니까?

자, 좀 특별한 방식으로 비유해서 말씀 드리겠습니다.

당신은 그 비행기가 추락하려고 한다는 사실을 미리 알고서 그 비행기를 타겠습니까? 물론 아니겠지요. 마찬가지로 당신을 죽음과 파멸로, 지옥과 영원한 형벌로 몰아가는 삶임을 당신이 뻔히 알면서도 그런 인생을 살고 싶습니까? 이런 삶에는 확신이 없습니다. 우리는 내일 우리에게 무슨 일이 일어날지 지금부터 5분 후에 무슨 일이 일어날지조차 우리는 알지 못합니다.

수 천년 동안 인류는 낙원에서의 한 장소를 예비하여, 영원한 생명을 보장받기 위해 노력해 오고 있습니다.

어떤 사람들은 의식을 행하는 것을 통하여 영생을 얻으려 시도했으며, 또 어떤 이들은 모세의 율법을 복종함으로서 그것을 얻으려고 시도했습니다.

중세시대 동안, 어떤 사람들은 엄청나게 많은 돌이나 넓은 땅을 카톨릭 교회에 기부함으로서 천국과 영생의 열쇠를 사고자 했습니다. 그러나 이러한 어떤 것도 구원의 확신을 아무에게도 줄 수 없습니다.

우리를 구원하고 속박으로부터 우리를 자유케 하기 위하여 독생자 예수 그리스도를 보내주신 하나님께 감사드립니다. 예수 그리스도는 유일하신 구원의 길이십니다. 그 분은 우리를 위해 자신의 생명을 희생하셨는데, 우리가 그 분과 함께 영원히 살기 위해서였습니다. 예수 그리스도는 당신을 위해 값을 치르셨습니다. 그 분과 그 분의 이름으로 가치있는 인생을 사십시오!

나는 나의 친구를 거부했습니다.

필립과 나는 좋은 친구가 되었으며, 나는 정기적으로 그의 집을 방문하였습니다. 내가 그의 집을 방문했던 어느날, 우리는 하나님이신 예수(Jesus being God)에 관해 진지한 대화를 가졌습니다.

그리스도인들은 어떻게 세 하나님(three God)을 예배할 수 있는지에 관해 나는 결코 이해할 수 없었습니다. 그것은 전혀 새로운 것이었습니다.

나는 필립에게 대단히 화가 났으며 그의 집에 다시는 오고 싶지 않다고 그에게 말했습니다.

　이러한 어리석은 철학들을 영원히 다시 듣지 않으리라고 내 마음속으로 결정했습니다.

　그러한 나의 결정을 존중하며 다시는 나를 혼돈스럽게 하지 않겠다고 그 친구가 내게 말할 때, 그의 눈에는 눈물이 가득 고였고, 그의 목소리는 떨렸습니다.

　나는 그에게 인사를 하고 그의 집을 나왔습니다.

　그리고 나는 자신의 인생을 되찾고, 스스로 진리를 찾기로 결심했습니다.

　일년동안 완전히 그를 회피했습니다. 그가 탄 자동차가 내 옆으로 지나갈 때마다 나는 그를 모른척하고 무시하기조차 했습니다.

당신은 하나님을 위해 일하게 됩니다.

　비록 내가 필립에게 한 행동에 대해 비참한 마음을 느끼기도 했지만, 나의 자존심은 그를 부르거나 그를 만나러 가는 것을 허락하지 않았습니다.

　내 속사람은 깊이 탄식하고 있었으나, 그러나 나의 자존심이 나를 억제하고 있었습니다.

　그때, 나는 우체국에서 일하고 있었는데, 편지를 분류하거나 여러 곳으로 갈 무거운 꾸러미들을 나르거나 하는 일이었습니다.

　거기서 일하고 있던 어느날 밤, 또 한 사람을 만나게 되었는데, 나는 그의 이름을 물어 보았고, 그리고 우리는 금새 친구가 되었습니다. 그에게 우체국에서 하는 일 외에 다른 직업을 갖고 있는지도 물어보았습니다.

"나는 주를 위해 일하며, 그 분을 위해 찬양합니다"라고 그는 말하는 것이었습니다.

나는 그가 말하는 바가 무엇을 의미하는지 이해하지 못했으므로 그에게 다시 물어보았습니다. "주님이 누구인데요?"

"물론 예수 그리스도이지요"

그는 재빨리 대답했습니다.

나는 속으로 생각해 보았습니다. 예수님이 내게 원하시는 것은 무엇일까? 내가 가는 곳마다 그 분의 이름을 듣게 되니……

내가 그 사람에게 말했습니다. "그 이름을 듣는 것이 넌더리가 나요"

그는 나를 똑바로 쳐다보면서 말했습니다. "당신은 뭔가를 알고 있지요? 언젠가 당신은 예수 그리스도를 위해 전시간(full time)일하게 될 것입니다. 당신은 하나님의 사람이 됩니다."

나는 웃었으며, 또 말했습니다. "나는 그리스도인이 아니예요! 내가 예수 그리스도를 위해 일하는 것이 어떻게 가능할 수 있겠어요?"

그러나 그는 그렇게 된다는 사실을 확실히 알고 있다고 말했습니다!

그 날밤, 일이 끝나고 이른 아침에 집에 돌아왔을 때, 그 사람의 음성이 내 영혼 속에서 계속 메아리치고 있었습니다.

"당신은 하나님을 위해 일하게 됩니다… 당신은 하나님을 위해 일하게 됩니다… 당신은 하나님의 사람이 됩니다"

다음날 밤, 우체국에 일하러 다시 왔을 때, 그 사람에게 더 많은 질문들을 하려고 마음 먹었습니다. 그러나 나는 그를 어디에서도 볼 수 없었습니다.

나는 나의 일을 감독하는 여자분에게 전날 밤 사무실에서 일했던 그 사람의 이름을 말하면서 그를 알고 있는지 물어 보았습니다.

그녀는 그런 이름의 사람을 결코 알지 못한다고 말했습니다. 생각해보니, 그 사람은 과연 이 세상에 존재하고 있었던 걸까? 나는 궁금해졌습니다.

천사였을까? 선지자였을까? 아니면 그냥 평범한 그리스도인이었을까?

하나님은 당신을 위해 계획을 갖고 계십니다.

여러해가 지난 오늘날 그 사람이 말했던 것은 진실임을 너무나 분명히 이해하고 있습니다.

나는 지금 주님을 위해 일하고 있으며, 복음을 전파하고 있습니다. 그때 나는 복음에 대적했습니다. 나는 아직 그리스도인이 아니었습니다. 그래서 나는 그 당시 내가 믿지 않았던 귀한 분을 위해 언젠가 일하게 된다는 사실을 알 수 없었습니다.

나의 거역과 그때의 이해의 부족함에도 불구하고, 하나님께서는 참으로 나를 위한 계획을 가지고 계셨습니다. 그 분은 내 위에서 역사하셨는데, 나의 인생에 대한 그 분의 계획과 목적을 진전시키기 위해 조용히 나를 준비시키면서 역사하셨습니다.

하나님께서는 여러분 각 개인을 위한 계획도 또한 갖고 계십니다. 여러분 개인들은 한가지 목적을 위해 태어났습니다. 당신은 결코 우연히 태어난 것이 아닙니다. 당신이 태어나기 전에, 하나님은 당신을 이름으로 부르셨습니다. 당신을 위한 그 분의 계획은 그 분의 계획을 따라 살기 위해 당신이 선택하는 만큼 완전합니다. 하나님에 대해 알아야 할 많은 것들이 있으며, 하나님으로부터 받게 될 많은 것들이 또한 있습니다.

그 분의 때에, 그 분은 여러분에게 더 많은 것들을 계시해 주실 것입니다.

당신이 만일 거듭난 그리스도인이라면, 나는 당신에게 이러한 생각으로 도전을 주고 싶습니다. 당신이 생각하거나 상상할 수 있었던 것보다 더욱 많은 것들이 당신을 위해 비축되어 있습니다.

주일날 아침에 단순히 교회에 가는 것보다 훨씬 더 많은 것들이 있으며, 성가대에서 노래하는 것보다 더욱 더 많은 것들이 있습니다.

방언으로 기도하는 것보다도, 영안에서 높이 고양됨을 느끼는 것보다도 더 많은 것들이 있습니다.

제발 성령님을 제한하지 마십시오. 그 분의 완전한 계획을 당신의 삶에서 드러나게 하십시오. 그리고 하나님께서 당신에게 약속하신 놀라운 일들을 기대하십시오.

나의 꿈

어느날 밤, 나는 신비로운 꿈을 꾸었습니다. 근사한 양복을 입고 멋

1장. 플라스틱 십자가 47

진 넥타이를 메고 있었으며, 샘소나이트 가방을 든 채로 예루살렘거리를 걸어가고 있었습니다.

나는 어느 비즈니스 모임에 가는 중이었습니다. 그러나 어떤 호수 옆에 앉아 있는 한 노인이 나의 시선을 끌었습니다. 그는 길고 흰 머리카락과 회색의 길다란 턱수염을 한 노인이었습니다.

그는 크고 나무로 된 사무실 테이블에 앉아 있었는데, 그 테이블에는 많은 고서(古書)들이 수북히 놓여 있었습니다.

그 호수의 물은 마치 나를 초청하는 것처럼 보였고, 내 마음 속에서 한 작은 음성이 그 호수의 물 속으로 자신을 던지도록 나에게 말했습니다. 나는 근사한 양복을 입은 채로 그리고 값비싼 가방을 든 채로 급히 물 속으로 뛰어 들었습니다.

신선한 물은 매우 좋게 느껴졌습니다. 그리고 그렇게 하는 것이 나를 모든 근심 걱정으로부터 자유케 하는 것임을 알게 되었는데, 그때 내 발에 무언가가 닿았습니다.

내가 그것을 주워 들어보니, 그것이 컵이었습니다!

그 컵을 이리저리 돌리면서 보았더니 컵 맨 밑바닥에 히브리어 단어가 하나 기록되어 있었습니다. 나는 그 단어를 이해할 수 없었으므로, 그 늙은 노인에게 가서 그 컵을 보여 주었습니다.

그 노인은 자신이 앉아 있던 의자에서 뛸 듯이 일어나서 내게 키스를 하며, 또 나를 포옹하는 것이었습니다.

그는 평생동안 그 컵을 계속 찾아 왔으며, 그 컵을 찾아 다니는 동안 그의 머리카락은 백발이 다 되었지만, 아직 그것을 발견하지 못했다고 내게 말했습니다.

그가 공부하는 책상 곁에 있는 물 속으로 내가 뛰어들어서, 그리고 그의 전 생애를 통하여 찾아오고 있던 것을, 내가 너무 쉽게 발견한 것을 보고 그는 매우 놀라워 했습니다.

"이 컵이 그렇게 중요한 것은 무엇 때문입니까?"하고 그 노인에게 물어 보았습니다.

"이 컵은 예수님이 이 땅에 계시던 동안, 세례 요한의 것이었습니다. 그는 세례를 줄 때, 아마도 그것을 사용했을 것입니다."라고 그는 대답했습니다.

나는 너무 충격을 받아서 잠에서 깨어났습니다. 이 꿈에 대하여 매우 혼란스럽게 느꼈으며, 그래서 나는 스스로에게 말했습니다.

"그건 단지 꿈이었을 뿐이야!"

그때 나는 그 꿈이 의미하는 바를 알지 못했습니다. 그러나 지금은 그 의미를 알고 있습니다. 바로 세례 요한의 컵을 찾았던 것입니다.

그는 주 예수 그리스도의 길을 예비했던 사람이었습니다. 그는 예수 그리스도와 그 분의 오심에 대해 전파했으며, 백성들이 회개하고 세례받으라고 선포했습니다. 비슷하게, 하나님께서는 언젠가 예수 그리스도의 복음의 전파자가 되도록 나를 준비시키고 계셨습니다. 마치 성령으로 충만한 다른 전도자들이나 하나님의 사람들이 그러했듯이 말입니다.

하나님께서는 꿈을 통하여 나에게 말씀하신 것은 언젠가 나는 사람들을 회개하도록 선포하며, 예수 그리스도의 오심에 관해 전 세계에 복음을 전파하게 된다는 것이었습니다.

나의 생애에서 이러한 소명 때문에, 그 물 속으로 뛰어들 필요가 있었습니다. 그 물은 성령의 상징이었습니다. 그 컵을 발견하기 위하여, 나의 삶에 대한 하나님의 부르심 안으로 발길음을 옮겨놓기 위하여, 나는 나 자신을 그 물 속으로 던져 넣어야만 했습니다.

물속으로 들어가다.

하나님께서는 스가랴 4장 6절에서 말씀하십니다.
"만군의 여호와께서 말씀하시되 이는 힘으로 되지 아니하며 능으로 되지 아니하며 오직 나의 신으로 되느니라"

물은 성령의 상징입니다. 슬프게도 많은 사람들은 신격의 세번째 위격이신 성령님을 무시합니다.

그러나 예수 그리스도께서 친히 자신의 제자들에게 언젠가는 그들이 성령으로 충만케 될 것을 약속하셨습니다. 그 분은 제자들이 예루살렘을 떠나지 말고 성령을 받을 때까지 기다릴 것을 분부하셨습니다.

"성령이 너희에게 임하시면 너희가 권능을 받고"(사도행전 1:8)

오직 그렇게 되었을 때만이 그들은 유대, 사마리아 그리고 땅 끝까지 나갈 준비가 갖추어 지는 것입니다.

초대교회는 사람이 만든 조직이나 교단이 아니었습니다. 당시의 교회 지도자들은 5년제 신학교 과정을 마치지도 않았습니다. 물론 그 당시의 교회는 세상과 접촉하는 전화, 팩스 또는 인터넷 같은 것을 전혀 가지고 있지 않았습니다. 그들에겐 오직 한 가지가 있었는데, 그것은 로마제국을 전복시킨 성령의 권능이었습니다.

오늘날 많은 사람들은 그들 자신이 만든 법과 규칙들에 너무 집착하고 얽매여 있기 때문에 하나님의 성령을 망각하고 있습니다. 당신은 혼자서 모든 것을 시도해 볼 수 있지만, 여전히 성공적이지 못합니다.

이 땅에서 가장 아름다운 교회건물을 소유하고 있다고 해도, 만일 당신이 성령으로 불타오르고 있지 않고, 또 그 분의 음성에 순종하지 않는다면 하나님은 당신을 사용하실 수가 없습니다.

하나님은 우리의 종교적 외양이나 우리의 예배방식에는 관심이 없으시고, 그 분과 우리 사이 관계의 깊음에 관심이 있으십니다.

우리가 그 분의 일을 할 때 우리는 반드시 성령으로 충만해야 합니다.

방언으로 얼마나 크게 기도하는가 또는 성령의 능력아래서 얼마나 크게 우리의 몸을 떠는가 하는 것이, 하나님과 동행하는 정도를 측정하는 좋은 잣대가 아닙니다. 그 대신에 성령께서 그에게 하라고 명하시는 것은 어떤 것이든 행하려하며, 어떤 위험이라도 무릅쓰려는 자들이 하나님을 기쁘시게 하는 성령으로 충만케 될 것입니다.

호수가에 있던 노인을 기억합니까? 그의 머리카락은 백발로 변했습니다. 그는 매우 총명한 교수들 중 한 사람인 것처럼 보였습니다.

'내가 꿈 속에서 5분도 걸리지 않고 찾았던 것을 그는 그의 전 생애 동안 찾고 있었습니다. 그 노인과 나와의 유일한 차이점은 나는 물 속으로 뛰어 들었고, 그는 그렇게 하지 않았던 것입니다!

그는 많은 책들로 둘러싸인 자신의 영예로운 책상앞에 앉아 있었지만, 그는 그 컵을 찾을 수가 없었습니다.

그 노인은 안에 있는 무언가를 찾기 위해 바깥에 서 있었습니다. 마치 그 노인처럼, 오늘날 많은 사람들은 '물' 밖에 서 있었습니다.

하나님께 쓰임받기를 갈망하는 많은 사람들, 교회에 다니는 사람들조차도 그들은 그들 자신의 강함(strength)으로 진리를 찾고 있습니다.

그러나 진리를 발견하기 위해, 그들은 하나님의 영으로 채워져야 합니다. 그들은 하나님의 영이 그들의 마음과 삶, 사역, 그리고 교회안을 자유롭게 운행하실 수 있도록 양도해 드려야 합니다.

개인적인 경험으로 채 삼년도 지나기 전에 나의 사역은 전 세계 80나라 이상에 확장되었기 때문에 나는 이러한 성령님의 역사(works)를 확실히 알고 있습니다.

이 책의 뒤편에서 이것에 관해 더 설명해 드릴 것입니다.

당신이 이 책을 읽으면서 성령님의 음성을 들으십시오. 그 분은 당신과 친구가 되고 싶어 하시며, 당신이 하는 모든 일에서 당신이 인도하시길 원하고 계십니다.

그 분은 당신을 위해 준비되어 있습니다. 당신이 만일 그 분의 음성을 듣고, 그 분께 순종한다면 많은 것들이 당신앞에 열리게 될 것입니다.

나는 일찍 그리스도인들과 함께 한 너무 많은 경험을 가지고 있는 것처럼 생각되었으므로, 왜 나는 언제나 그리스도인들의 표적이 되어야만 하는가 하고 탄식했습니다.

  나에게 플라스틱 십자가를 주었던 나의 소년시절 친구, 내가 우체국에서 일했을 때 만났던 사람, 내가 거절했던 나의 친구 필립, 그리고 나의 꿈, 이러한 모든 경험들은 나를 놀라게 했습니다. 그러나 여전히 그리스도인 친구들과 싸우고 논쟁하길 계속했습니다.

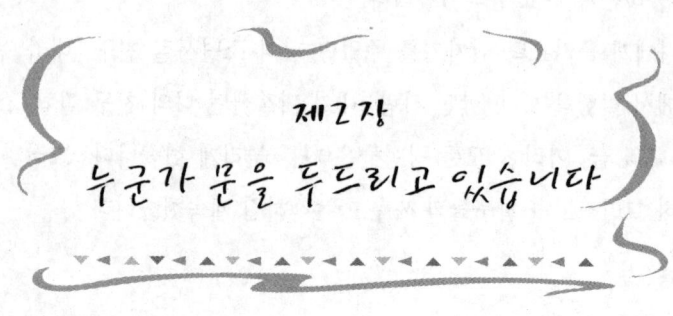

제 2 장
누군가 문을 두드리고 있습니다

시간은 흘러갔습니다. 대학에서 공부하는 동안, 나는 여전히 친구 한 명과 함께 비즈니스에 열중하고 있었습니다. 생활은 모든게 순조로웠습니다. 그래서 나는 사라와 결혼하기로 마음 먹었습니다. 우리는 결혼 준비로 인해 대단히 들떠있었으며, 기대감으로 가득차 있었습니다. 사라의 어머니는 내가 거듭나야 할 필요가 있다는 말을 잠시도 멈추지 않고 있었습니다.

그녀가 그렇게 하면 할수록 나는 더욱 더 완고해져 갔습니다.

모든 계획을 마친 후, 어려운 일들은 나의 가족과 사라의 가족들에 의해서 완료되었으며, 신성한 결혼식 날이 드디어 왔습니다!

장래의 나의 장모님께서 내가 그리스도인이 되길 원하지 않는다면, 자기를 위하여 최소한 교회에서는 결혼해야 한다고 내게 말했습니다.

이 제안에 나는 비록 마음이 내키지는 않았지만, 여하튼 한국인 교회에서 결혼하는데 동의했습니다.

나는 결혼식날 너무나 긴장하고 예민해져 있어서 구두를 어떻게 신어야 할지조차 알지 못했습니다. 나는 정신적으로 공황상태에 있었습니다.

나의 가족들이 교회에서, 그리고 그것도 한국어를 하는 그 교회에서 어떻게 가만히 앉아 있을 것인지 염려스럽게 생각했습니다.

사라는 그날 매우 아름다웠으므로 마치 천사처럼 보였습니다. 그 교회는 한국인들과 중동에서 온 사람들로 가득찼습니다. 전혀 이질적인 두 문화가 나의 결혼식날 교회에서 만났던 것입니다.

피아노 연주자가 연주하기 시작하자 모든 하객들이 자리에 앉았습니다. 사라가 통로를 걸어들어오길 모두가 기다렸습니다. 사라는 그녀의 숙부와 함께 입장했습니다. 그는 사라의 손을 나의 손으로 넘겨주었습니다. 이제 사라와 나는 설교자 앞에 서 있었습니다. 그가 나에게 몇몇 질문들을 간단하게 할 것으로 기대했으며, 나는 "예"라고 말할 것이며, 그때 사라 또한 그의 질문에 "예"하고 대답하게 되리라고 생각했습니다.

그리고 그것은 빨리 끝나게 되고, 그는 우리를 남편과 아내로서 선포해줄 것으로 생각했습니다.

그러나 그것이 아니었습니다. 결혼식은 전혀 그런 식으로 진행되는 것이 아니었습니다. 그 대신 주례자는 한국어로 설교하기 시작했는데, 그의 설교는 40분이상이나 계속되었습니다.

나의 가족들은 아무런 의미도 모르는 한국어를 듣고 있는 동안 나는 서 있었습니다.

지치고 화가 나서, 그 주례자를 때려 주고, 또 그에게 말해주고 싶었습니다.

"질문만 하시고 우리를 결혼시키십시오!"라고 말입니다. 그러나 내가 그렇게 하지 않았던 것을 하나님께 감사드립니다!

드디어 주례자는 우리가 그렇게 오랫동안 기다려 왔던 질문들을 했습니다. 그의 질문이 채 끝나기도 전에 나는 "예"하고 대답했습니다.

드디어 우리는 결혼했습니다! 할렐루야! 우리는 이제 새로운 인생을 향하여 또 함께 새로운 출발을 향해가고 있었습니다.

문 뒤에 누군가가 있습니다!

나는 결혼식보다 신혼여행에 대해 더욱 흥분해 있었습니다. 결혼한 다음날, 우리는 스페인의 멋진 휴양지인 코스타 브라바(Costa Brava)로 신혼 여행을 떠났습니다.

나는 바다가 좋았으므로 우리는 매일 수영을 했습니다. 밤에 뭔가 먹고 마시기 위해 레스토랑이나 카페에 갔습니다. 사라도 그때 잠시 동안은 예수 그리스도에 관한 얘기를 멈추었으며, 그래서 우리는 다른 것들과 장래 계획에 관해 이야기 했습니다. 우리는 새로운 사업을 시작하고, 새 집을 찾아보기로 작정했습니다. 어두워질 때까지 우리는 이야기했습니다.

여전히 신혼여행을 즐기고 있던 어느날 밤, 한 레스토랑에서 식사를 하고, 우리의 새로운 꿈과 함께 휴식하고 잠자리에 들기 위해 묵고 있던 호텔로 돌아왔습니다. 사라는 머리가 베개에 닿자마자 곧바로 잠에 떨어졌지만, 나는 잠들 수 없었습니다. 어느덧 새벽 세 시가 되어 있었습니다. 밖은 어두웠으며, 그리고 나는 어렴풋이 어디선가 들려오는 디스코 음악을 들을 수 있었습니다.

묵고 있던 방에서 장래에 관한 생각을 하면서 침대에 누워 있는 동안, 나는 아주 특별한 음성을 들었습니다. 그 음성은 내 이름을 불렀으며, 또 말했습니다. "여기 내가 있노라. 나는 네 마음의 문 뒤에 서 있노라. 그리고 나는 두드리노라. 네가 그 문을 열면 나는 네게로 들어가 너와 함께 거하리라"

나는 꿈을 꾸고 있다고 생각했습니다. 그러나 나는 깨어 있었습니다! 나는 손가락으로 나 자신을 꼬집어도 보고, 그리고 내 시계도 보았습니다.

우리가 묵고 있던 그 호텔방에 누군가가 있었던 것일까요? 그 음성은 다시 반복했습니다.

"내가 여기 있노라. 나는 네 마음의 문 뒤에 서 있느니라. 그리고 나는 두드리노라. 네가 네 마음의 문을 열면, 내가 들어가서 살며 너와 함께 마시리라"

나는 그렇게 아름답고 권능있는 음성을 전에는 결코 들어본 적이 없었습니다! 나는 실제로 뭔가가 일어나고 있음을 알아차렸습니다. 나는 그 음성에게 말했습니다.

"원컨대 당신께서 제 안에 들어오시기 전에, 당신이 누구신지 제게 말씀해 주소서!"

그 음성이 말했습니다. "내 아들아, 너는 나를 알지 못하느냐? 나는 네가 그렇게 오랫동안 핍박해 왔던 너의 주, 왕이신 예수 그리스도시니라!"

그 분이 이 말씀을 하시는 동안에 나는 성령으로 충만해졌습니다! 나는 수천의 천사들이 주 안에서 노래하며 기뻐하는 소리를 들었습니다.

그때 주님께서 알지 못하는 언어로 내게 말씀하셨습니다. 그러나 놀랍게도 나는 그분께서 말씀하시는 내용을 다 알 수 있었습니다.

많은 사람들에게 복음을 전파하도록 그분께서 나를 쓰시려고 하는 장소인 내가 사는 도시로 돌아가야 한다고 그분께서 내게 말씀하셨습니다.

그리고 또 그 분이 말씀하시길 나는 그 분의 살아계심과 곧 다시 오심을 세상에 말해야 한다고 하셨습니다.

그날밤, 나는 거듭났습니다. 나는 새 생명과 새로운 출발을 가지게 되었습니다.

나는 죄인이며, 어느 누구도 내 죄를 용서해 줄 수 없으며 전통도, 종교법도, 율법도, 동물희생도, 그 어느 것도 나의 죄를 용서해 줄 수 없다는 사실을 깨닫게 되었습니다.

오직 예수 그리스도의 십자가의 죽으심만이 나의 죄값을 치를 수 있었습니다.

죄의 삯은 사망인데 그것은 끝내 영원한 형벌에 처해지게 된다는 사실도 깨달았습니다.

존귀하신 분이 나의 죄를 위해 죽으셨으며, 존귀하신 분께서 나의 위치에서 고통받으셨음을 깨달았습니다. 그 분의 보혈은 갈보리 십자가 위에서 값을 치르셨습니다.

그분께서는 나의 죄를 지고 가신 하나님의 어린 양이 되셨습니다. "존귀하신 분께서 나를 위해 죽으셨다.... 존귀하신 분께서 나를 위해 죽으셨다.... 고 하는 음성이 오늘날에도 나의 양 귓가에서는 여전히 메아리치고 있습니다!

누군가 당신을 부르고 있습니다.

예수께서 말씀하셨습니다. "볼지어다 내가 문밖에 서서 두드리노니 누구든지 내 음성을 듣고 문을 열면 내가 그에게로 들어가 그로 더불어 먹고 그는 나로 더불어 먹으리라"(요한계시록 3:20)

오늘날, 예수님께서는 우리 삶의 문에서 여전히 노크하고 계십니다. 우리는 문을 열어서 그 분이 안으로 들어오시도록 했으며, 우리의 주님이시요, 왕이 되시도록 해드려야 합니다.

예수님께서는 우리 마음의 문에서, 우리 가족의 문에서, 우리 가정의 문에서, 우리 사회와 우리 정부의 문밖에 서서 두드리고 계십니다.

우리가 이러한 문들을 예수 그리스도와 그 분의 복음을 위해 한 번 열게 되면, 우리의 삶과 우리가 사는 세상은 극적으로 변화될 것입니다.

여러분과 저는 20년 전에 중생을 경험했을 수도 있습니다. 그러나 그것은 오늘이 아닙니다! 우리 하나님은 오늘의 하나님이십니다. 그 분은 "지금" 안에 살아 거하십니다. 그 분은 우리와 함께 하신 하나님, 즉 임마누엘이십니다. 그리고 그 분은 바로 오늘 우리의 주님이시길 원하십니다.

마음의 문을 연다는 것은 그 분의 음성에 복종하고 그 분이 우리에게 말씀하시는 것을 따른다는 것을 의미합니다. 그리스도인이라 불리워지기는 쉽지만 제자라 불리워지는 것은 어렵습니다!

오늘날, 세상에서 수 천만의 사람들이 그리스도인이라 불리워지고 있습니다. 그러나 예수 그리스도는 제자들을 찾고 있습니다.
 그 분은 그 분의 부르심을 받아들일 남자와 여자, 이 세상의 물결 흐름을 거슬러 수영하려는 남자와 여자, 그리고 세상이 그들에게 제공하는 것에는 "노"라고 말하며 하나님과 그 분의 음성에는 "예스"라고 말할 남자와 여자들을 찾고 계십니다.
 그리고 당신이 만일 아직 제자가 아니라면, 이 사실을 깊이 생각해 보십시오.
 나를 불러서 그 분의 왕국으로 들어가게 하신 동일하신 예수 그리스도께서 당신에게 같은 말씀을 하고 계십니다!
 당신이 누구이든지 간에, 그 분은 문 뒤에 서 계십니다. 당신이 그 문을 열 때까지 온화하게 기다리면서 말입니다.
 문 뒤에는 무엇이 있습니까? 슬픔이 있습니까? 질병이 있습니까? 분노가 있습니까? 제가 당신에게 진리를 말씀드리겠습니다.
 예수 그리스도께서 당신 마음의 문 안으로 들어오실 때 모든 것은 변할 것이며 치유될 것입니다. 어떤 것들은 점진적으로 또 어떤 것들은 신속하게 말입니다.
 예수 그리스도께서 제 삶에 들어오심으로 나는 변화되었습니다. 나는 더욱 부드러운 사람이 되었으며, 내가 과거에 그랬던 것처럼 불같이 화를 내거나 하는 일은 더 이상 없습니다.
 당신은 오늘 당신의 마음 문을 열 준비가 되어 있습니까?

새로운 출생

나는 주님안에서 맞았던 첫날 아침을 기억합니다.

"나는 그리스도인이다!"라고 사라에게 공표했을 때, 그녀는 너무나 놀랐습니다. 그녀는 충격을 받았지만 또한 기쁨으로 감격했습니다. "하나님은 2년 후에 드디어 나의 기도에 응답해 주셨습니다."라고 그녀는 말했습니다.

신혼여행은 매우 아름다웠으며, 코스타 브라바의 번화한 거리를 걸어가는 동안, 나는 모든이들에게 예수 그리스도에 관해 말해주고 싶었습니다.

나는 하루종일 노래했습니다!

나는 신선함과 매우 새로워졌음을 느꼈습니다!

그리스도인 친구들이 거듭남에 대해 내게 말했을 때 그들이 의미했던 바가 무엇인지 그때서야 알 수 있었습니다.

나는 플라스틱 십자가와 그것을 내게 주었던 친구에 대해 생각했습니다.

이제는 내 안에 참된 십자가가 있기 때문에 더 이상 플라스틱 십자가가 필요치 않다고 그 친구를 찾아서 말해주고 싶었습니다.

그리고 이것은 어느 누구도 앗아갈 수 없는 십자가였습니다.

> 그리스도인들은 오늘날 "새로 태어남" 또는 "거듭남"이란 말들을 평범하게 보통으로 사용합니다.
> 사실, 우리는 그런 말들을 너무 함부로 사용해 왔습니다;
> 그리고 많은 경우에 우리는 그 용어늘의 진성한 의미를 망각해

2장. 누군가 문을 두드리고 있습니다 61

왔습니다.

필리핀과 같은 몇 몇 나라에서는, 전통적 그리스도인들의 대부분이 거듭난 그리스도인들을 하나의 교파로서 생각합니다.

그들은 "새로 태어남" "거듭남"이란 용어의 진정한 의미를 알지 못하고 있습니다.

맨 처음 "거듭남"(born again)이란 말을 사용하신 분은 예수 그리스도 자신이셨습니다.

여러분은 요한복음 3장에서 그 이야기를 알 수 있습니다.

바리새인이요 율법의 선생인 니고데모가 밤중에 예수님께 질문하기 위해 갔습니다. 니고데모의 물음에 대답하여 예수 그리스도께서 매우 놀라운 사실을 말씀하셨습니다. "진실로 진실로 네게 이르노니 사람이 거듭나지 아니하면 하나님 나라를 볼 수 없느니라"(요한복음 3:3)

예수님께서는 계속해서 말씀하셨습니다. "진실로 진실로 네게 이르노니 사람이 물과 성령으로 거듭나지 아니하면 하나님 나라에 들어갈 수 없느니라. 육으로 난 것은 육이요, 성령으로 난 것은 영이니"(요한복음 3:5~6)

하나님 나라에 들어가기 위해서 당신은 카톨릭이 되어야 한다거나, 감리교 또는 오순절 교인이 되어야 한다거나, 또는 남침례 교인이 되어야 한다고 말씀하시지 않았다는 사실을 잘 주목해 주십시오. 그 분은 오직 당신이 거듭나야 한다는 사실만 말씀하셨습니다.

거듭남이 의미하는 것은 당신이 온 마음과 뜻을 다해 예수 그리스도를 따르기로 결심하며, 당신의 마음(your heart)을 그 분의 성령님(His Holy Spirit)께 양도하기로 결심하는 것입니다.

거듭남은 그리스도를 따르기 위한 우리의 결심과 함께 출발하여, 결코 되돌아서는 것이 없습니다.

한번 우리가 그 결심을 하면 우리는 물세례를 받을 필요가 있습니다. 예수님께서 말씀하셨습니다. "믿고 세례를 받는 사람은 구원을 얻을 것이요"(마가복음 16:16)

그리고 예수님은 제자들에게 모든 나라에 가서 복음을 전파하고 그들에게 아버지와 아들과 성령의 이름으로 세례를 주라고 명령하셨습니다.

물 세례는 하나님의 음성에 복종한다는 하나의 상징입니다. 그러나 세례는 또한 선택입니다. 그것은 다른 누군가의 결정이 아닙니다. 어떤 사람들은 말합니다. 그들이 유아였을 때, 그들은 세례받았다고 말입니다. 그러나 그들은 그들 스스로 그 결심을 한 것이 아닙니다!

세례는 회개의 한 형태이며, 예수 그리스도와 함께 죽으심의 행동이며 그 분과 함께 매장되는 것입니다. 우리가 물에서 올라올 때, 우리는 새롭고 신선해지며, 새 생명을 지향합니다.

예수님께서는 거듭남에 대해서 더 많은 것을 말씀하셨는데, 이름하여 '성령으로 나는 것'(being born of the Spirit)입니다.

세례 요한은 사람들에게 불로 세례 받는 것에 대해 말했습니다.

그는 말했습니다. "나는 너희로 회개케 하기 위하여 물로 세례를 주거니와 내 뒤에 오시는 이는 나보다 능력이 많으시니 나는

그의 신을 들기도 감당치 못하겠노라 그는 성령과 불로 너희에게 세례를 주실 것이요"(마태복음 3:11)

예수님께서는 제자들에게 성령으로 충만할 것을 명령하셨습니다.

예수님께서는 성령께서 그들에게 임하실 때까지 예루살렘을 떠나지 말 것을 분부하셨습니다. 그리고 그때서야 비로소 그들이 모든 나라에서 증인이 될 것이라고 말씀하셨습니다.

오순절날에 성령께서 제자들에게 임하였습니다. 그들은 성령으로 충만해졌으며 다른 방언으로 말하기 시작했습니다. 그들은 권능을 받고 변화되었습니다.

예수 그리스도를 세 번이나 부인한 바로 그 베드로는 이제 그리스도를 증거하는데 담대해졌습니다.

의심많던 도마는 강력한 증인으로 변화되었습니다. 예수 그리스도의 교회는 성령의 불로 타오르고 있었습니다!

그리스도인들을 박해하던 사울에게도 같은 일이 일어났습니다. 다메섹 도상에서 그는 예수 그리스도를 개인적으로 만났습니다. 그때 그는 제자로 변화되었으며, 열방을 위한 그리스도의 사도가 되었습니다.

많은 사람들은 거듭남에 대해 혼돈하고 있습니다. 그들은 거듭남이 단순히 방언으로 기도하는 것이나, 그의 성령의 은사들을 가지는 것으로 생각함으로 이 사실(거듭남)을 제한합니다.

거듭남은 꼭 새로운 언어나 은사를 갖게 되는 것이 아님을 이해해야 합니다. 거듭남은 또한 우리가 단지 예수님께 "주님 주님"이라고 부르는 것에 관한 것이 아닙니다.

거듭남은 그리스도를 귀중히 여기는 새로운 삶의 방식을 갖게 되는 것을 의미합니다.

어떤 사람들은 방언으로 기도하지만 그들의 태도는 마귀의 자식들과 유사합니다!

또 어떤 사람들은 자신들이 거듭났다고 외치지만 그들의 남편들 또는 아내들에게 행동하는 것은 세상적인 사람들이 하는 것보다 더 나쁩니다.

이것은 우리가 우리 자신을 부르는 것에 관한 것이 아니며, 또한 그것은 우리가 어떤 존재인가를 외치는 것에 관한 것도 아닙니다.

그것은 하나님의 거룩하심 안에서 삶을 사는 것과, 하나님의 성령과 그 분의 사랑으로 삶을 사는 것에 관한 것입니다.

사랑은 거듭남의 가장 위대한 징표입니다. 지금 나는 세상적인 사랑에 대해 말하는 것이 아닙니다. 나는 지금 그리스도를 닮은 사랑에 관해 말씀드리는 것입니다!

바울은 고린도전서 13장 1~2절에서 이렇게 말했습니다.

"내가 사람의 방언과 천사의 말을 할지라도 사랑이 없으면 소리나는 구리와 울리는 꽹과리가 되고, 내가 예언하는 능이 있어 모든 비밀과 모든 지식을 알고 또 산을 옮길 만한 모든 믿음이 있을지라도 사랑이 없으면 내가 아무 것도 아니요."

다른 말로 표현해서 바울은 이렇게 말하고 있는 것입니다.

우리가 모든 은사를 소유하고 있을지라도, 우리가 그리스도의 사랑을 실행하지 않는다면 우리는 아무것도 아닙니다. 물론 우리

2장. 누군가 문을 두드리고 있습니다 65

가 아무것도 아니라면, 우리는 거듭났을 리도 없습니다.

거듭남이 의미하는 바는 예수 그리스도와 그 분의 성령님께 총체적으로 굴복하는 것입니다.

당신이 구원 받았음을 분명히 하십시오!

한번 우리가 진실로 거듭나면 성령님께서 우리의 삶 속에 들어오십니다. 그 분의 날마다 우리를 인도해 주실 것이며, 그리스도 안에서 우리가 나아갈 길을 보여 주실 것입니다. 그분은 우리를 죄와 과거의 상처들로부터 지켜 보호해 주실 것입니다.

성령님께서 우리의 삶을 지배하시도록 그 분께 자유를 드리는 것은 타락으로부터 우리를 지키게 할 것입니다. 성령님께서는 우리가 종교적 수행이나, 성경 지식에 의해서 구원받은 것이 아니라, 하나님의 선하심과 은혜로 구원받았음을 확증해 주십니다.

성경은 "우리가 은혜로 구원을 얻었으며 우리의 행위에서 난 것이 아님(에베소서 2:8~9을 보십시오)을 말씀하고 있습니다.

오늘날 많은 사람들은 그들 자신의 구원을 확신하지 못하고 있습니다. 그들 중 어떤 이들은 교회안에서 성장하기조차 했습니다. 그리고, 그들이 오늘 죽게 된다면 자신들이 결국 어디로 가게 될지 아직도 확신하지 못합니다.

만일 당신 자신이 이것에 대해 확신하지 못한다면, 오늘 당신의 구원을 의심하고 있다면, 당신은 거듭나야 할 필요가 있는데, 이름만으로가 아니라, 심령으로도 그렇게 되어야 합니다.

나는 당신께 진리를 말씀드리겠습니다.

바로 지금 이 책은 당신이 하나님께로 돌아가도록 성령님에 의해 쓰임받고 있습니다.

당신이 바로 이러한 글들을 읽고 있는 동안 하나님께서 임재하십니다. 마음으로 기도하십시오. 그리고 주님께서 당신의 삶 안으로 들어오시도록 요청하십시오.

당신이 새롭게 되고 싶다는 것과 성령님으로부터 신선한 기름 부으심을 받기 원하다는 것을 그분께 말씀드리십시오. 당신이 그 분을 사랑한다는 것과 그분께서 당신을 위해 죽으셨음과, 그 분의 흘리신 보혈이 당신의 죄를 용서하셨음을 당신이 알고 있음을 그분께 고백 드리십시오.

그리고 당신의 남은 인생을 위해 당신을 인도해 주시고 당신의 친구가 되어 달라고 성령님께 요청하십시오. 그 분을 시험해 보십시오!

당신이 이것을 행했으므로 당신은 당신이 구원받았다는 사실을 100퍼센트 확신할 수 있습니다. 그러나 이 책의 목표는 당신을 단지 구원의 장소로 데려가려는 것이 아니고, 그리고 나서 당신이 거기서 떠나 더 높으신 부르심으로 나아가게 하는 것입니다.

이 책을 계속해서 읽어감에 따라, 당신은 단순히 당신의 구원에 만족하는 수준을 넘어 통과하게 될 것입니다. 당신은 또한 지속적으로 열매를 맺는 장소를 향하여 나아가게 될 것입니다.

점진적인 과정

어떤 사람들은 그들이 거듭나게 될 때, 그들의 성격이 즉시 변화하게 될 것이라고 생각합니다. 하나님께서는 어떤 것들을 즉시 변화시키기도 하기 때문에 이것은 단지 부분적으로는 사실입니다.

반면에 어떤 것들은 점진적으로 변화됩니다.

내 자신의 간증이 이 사실에 대한 한 가지 예입니다. 나는 많은 약한 것들을 가지고 있었는데, 그것들 중 한 가지는 불같이 급한 성격이었습니다.

나의 불같은 성격은 밤 사이에 변하지 않았습니다. 대신에 성령께서 나의 삶을 통제하심에 따라 그 분은 서서히 나를 더욱 부드러운 사람으로 변화시키셨습니다.

우리의 삶에서 일어나는 하나님의 모든 기적들이 모두 한꺼번에 일어난다면, 우리는 단번에 일어나는 모든 기적들을 감당할 수 없을 것입니다.

우리가 비록 거듭났다 할지라도 우리는 여전히 인간이란 사실을 깨달아야 합니다. 이 말이 의미하는 바는 우리는 실수를 할 수 있으며, 또 실수할 것이라는 것입니다.

그러나 우리가 하나님의 은혜를 의지할 때, 그 분은 우리가 다시 일어서도록 도와 주실 것입니다.

횟수를 거듭할수록 우리는 주님안에서 점점 더 안정감을 누리고 견고해질 것입니다. 그러나 인생의 도전들은 항상 우리가 우리 자신의 힘보다 그 분을 의지하도록 합니다.

성경 에스더 이야기는 하나님께서 우리를 어떻게 점진적으로 변화시키는가에 대한 좋은 본보기입니다. 그것은 내가 성경에서 가장 좋아하는 곳 중 하나입니다. 그녀는 몸을 정결케하는 물품과 일년치 기름을 받았습니다. 그녀가 기름과 몸을 정결케 하는 모든 물품으로 정결케 된 후, 그녀는 왕후가 되었습니다!

이것은 우리가 그 분을 우리의 주님과 구세주로서 영접할 때 예수님으로부터 받는 미용도구(beauty treatment)과 유사합니다.

우리가 천국에서 하나님의 임재하심으로 완전히 충만할 때까지, 그 분은 성령님을 통하여 날마다 우리에게 미용 도구를 주십니다.

마치 에스더가 기름으로 몸을 닦아 정결케 되었듯이 이 땅에서 우리의 육신의 삶이 다하는 마지막 순간까지 성령님을 통하여 우리를 정결케 하실 것입니다.

기름은 성령님의 상징입니다. 그 분께서는 자신의 기름으로 여러분에게 부으십니다.

그러면 에스더의 삶이 변화된 것과 정확히 동일하게 여러분의 삶도 변화될 것입니다.

그 분을 믿는 모든 사람이 새로운 삶으로 들어가는 거듭난 새 피조물이 될 것입니다.

하나님의 보좌 앞에서 당신이 드러나기 전에 그 분은 영광에서 영광으로 당신을 변화시킬 것입니다.

문제로부터 자유하십니까?

그들이 거듭남과 예수님께서 그들의 삶에 들어오게 하심으로 그들이 문제로부터 자유로워질거라고 많은 사람들이 생각합니다. 그러나 이것은 단순히 그런 경우가 아닙니다.

비록 하나님께서는 어떤 문제라도 해결하실 수 있으시며, 절대적으로 그분은 어려워서 불가능한 일이 없으실지라도 우리는 많은 어려움과 도전들에 직면하게 됩니다.

우리가 아직 영원에 들어가지 못하고, 이 땅에서 살고 있는 한, 거기에는 여전히 문제들과 도전들이 우리의 행로에 나타날 것입니다. 그러나, 하나님은 우리를 건축하여 세우시고 또 더욱 강하게 하시기 위해 그것들을 사용하십니다.

그렇습니다. 항상 문제들이 있습니다. 그러나 이제 우리는 더 이상 혼자서 싸우지 않게 될 것인데, 아주 뛰어난 분(Somebody)이 여러분과 함께 계시기 때문입니다!

그 분의 이름은 성령님이십니다.

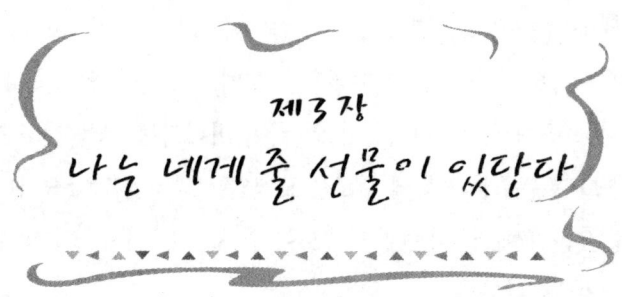

제3장
나는 네게 줄 선물이 있단다

나의 신혼여행은 단순히 제 아내와만 했던 신혼여행이 아니라, 예수 그리스도께서도 함께 해주셨던 신혼여행이었습니다.

수 년이 지난 후 되돌아보니, 그때 이후로 날마다 예수 그리스도를 사랑하는 것을 제외하면 아무 것도 한 게 없습니다. "그 분과 함께 먹고, 그 분과 함께 마시고" 그리고 내 십자가를 지고, 그리고 그분을 따르고…

모험은 시작되고

나의 새 생활의 시작 초기에, 이제 나는 거듭났으므로 그것으로 모든게 다 되었다고 생각했습니다.

나는 행복을 느꼈으므로, 비즈니스맨으로, 대학생으로 여전히 나의 일을 계속할 수 있으리라고 생각했습니다. 그러나, 내 마음속 깊은 곳에서는 나는 자신에게 정녕 거짓을 말하고 있음을 알았습니다. 내 마음 깊은 곳에서, 이것(거듭남)이 끝이 아니라는 것을 알았습니다. 그러나 그것은 주님과 함께 새로운 모험의 시작임을 알았습니다.

마음 깊은 곳에서, 나는 그리스도에 관해 모든 사람들과 함께 나누기를 열망했습니다.

내 안에는 "세상의 빛"을 소유하고 있었으며, 그리고 나는 내 자신의 마음이라는 작은 방안에만 그 분을 거하시게 할 수는 없었습니다.

그 분은 나를 사용하시길 원한다는 사실을 이미 나는 알고 있었습니다. 나는 예수님과 사랑에 빠졌으며, 그리고 나는 이 사랑을 나의 가족과 친구들 그리고 다른 사람들과 나누기를 원했습니다.

> 거듭남의 또 하나의 가장 중요한 표징은 예수 그리스도께서 당신을 위해 행하신 일을 나누기 위해 열정과 사랑을 가지는 것입니다.
>
> 당신의 삶에서 이러한 열정과 능력을 결코 잃어버리지 마십시오.
>
> 어떤 그리스도인들은 그들이 주 안에서 나이를 더해감에 따라 예수 그리스도의 복음의 단순성을 나누고자 하는 그들의 열정을 잃어버립니다. 그들은 신학이론들과 사람이 만든 교훈들에 너무 둘러싸여 있으므로 그들 주변에 있는 구원받지 못한 사람들과 복음을 나누고자 하는 토대를 망각해 버립니다.
>
> 복음을 나누고자 하는 이 열정이 우리 주변의 사람들로부터 많

십자가의 군병 72

은 핍박을 우리에게 가져올지라도, 우리는 그리스도를 전파하기 위한 우리의 즐거움과 사랑을 잃어버리지 않아야 합니다.

나는 네게 줄 선물이 있단다.

스페인에서 돌아오자마자, 나는 나의 친구 죠셉을 기억했는데, 그도 역시 중동에서 왔습니다.

그는 매우 진보적인 모슬렘 가정에서 성장했습니다.

나는 고교시절에 그를 알게 되었습니다.

그는 예술적인 가계(artistic family)에서 온 예술가였는데 과거에 우리가 함께 있었던 시간에는 언제나 예술과 종교 그리고 철학에 관해서 이야기했습니다. 나는 거듭났기 때문에, 나는 죠셉과 함께 예수 그리스도에 관해 나누기로 마음 먹었습니다.

죠셉도 역시 그의 삶에서 진리를 찾고 있었음을 나는 알았으므로 그도 주님으로부터 만지심을 받고 변화받게 될 것을 나는 확신하고 있었습니다.

내가 집에 도착하고 나서 몇 일 후, 그에게 전화를 걸어 우리집에서 저녁식사를 함께 하자고 초청하였습니다.

그에게 줄 선물이 있는데, 와서 그것을 직접 가져야 한다고 그에게 말했습니다. 그러자 죠셉은 우리집으로 왔으며, 함께 식사도 하면서 즐거운 시간을 보냈습니다. 저녁 내내 나는 주님과 만났던 경험에 대해서는 어떤 언급도 하지 않았습니다.

우리는 다른 것들에 관해 함께 이야기를 나누었는데, 신혼여행지에서 있었던 일들에 대해 이야기하거나, 그때 찍은 사진을 함께 보거나 하는 것이었습니다.

죠셉이 내게 물었습니다. "그런데 스페인에서 가져온 선물은 어디 있어?" 그는 또한 신혼여행중에도 자기를 생각해 준 것에 대해 내게 고마워했습니다.

나는 그를 보면서 말했습니다. "내가 가지고 온 것은 네 눈으로 볼 수 없는 것이야. 그것은 눈에 보이지 않는 것이지"

"그래? 그게 뭔데?" 그는 물었습니다.

나는 그를 똑바로 보면서 말했습니다. "예수 그리스도"

잠시동안 우리들 사이는 침묵이 흘렀습니다. 죠셉은 어리둥절해 하였습니다.

그는 그때 침묵을 깨고 말했습니다. "너 크리스챤이 된거니?"

나는 말했습니다. "그래! 그리고 너도 크리스챤이 되길 나는 바래."

내가 예수님을 만난 경험에 대해 이야기하자 그는 조용히 듣고 있었습니다.

나의 선물은 어떤 사람이 삶에서 얻을 수 있는 가장 위대한 선물이라고 그에게 말했습니다.

그를 위한 나의 선물은 그리스도 예수를 통해 얻게 되는 '구원' 이라는 선물입니다.

나는 우리가 받을 수 있는 가장 위대한 선물, 우리가 경험할 수 있는 가장 위대한 기적은 우리 영혼의 구원이라고 그에게 말해 주었습니다.

죠셉은 내가 말하는 바를 이해하지 못했습니다.

그는 그것에 대해 생각해 볼 시간이 필요하다고 말했습니다.

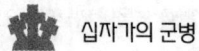

그 저녁시간이 끝나고 우리가 헤어지는 인사를 했을 때, 죠셉은 빈 손으로 자기 집으로 돌아갔습니다.

사람의 눈으로 볼 수 있는 어떤 선물도 없이 말입니다. 대신에 그는 돈으로 살 수 있는 것과 비교할 수도 없는 귀한 선물을 가지고 떠났습니다.

그는 예수 그리스도에 대한 지식을 마음속 가득히 담고서 우리 집을 떠났던 것입니다.

정확히 일주일 후, 그는 내게 전화를 걸어 말했습니다.

"사무엘! 나는 내 삶에 예수님을 영접하길 원해"

나는 어느 누구도 앗아갈 수 없는 이런 놀라운 기쁨을 내 마음속에 소유하게 되었습니다. 나는 구원이라는 놀라운 선물을 내 친구와 나누었던 것입니다. 그리고 그는 그의 삶을 그리스도께 드렸습니다.

내 친구가 예수 그리스도를 영접했기 때문에 기뻐했지만, 이제는 새로운 그리스도인 친구를 가지게 된 것도 나를 너무나 기쁘게 했습니다.

죠셉과 나에게 있어, 이번 일은 긴 여정을 함께 하는 시작이었습니다. 그는 오늘날도 여전히 나와 함께 있습니다. 우리는 함께 온 세계를 여행하는데, 하나님께서는 복음송의 싱어로서 강력히 그를 사용하고 있습니다. 나는 그가 정말 자랑스럽습니다. 그리고 내 손을 그에게 얹을 수 있는 특권으로 인해 하나님께 감사드립니다.

기도의 능력

나는 빌립도 불렀습니다. 그는 내가 전에 거절했던 목사님입니다.

3장. 나는 네게 줄 선물이 있단다 75

나의 간증을 그와 함께 나누었을 때, 너무나 기뻐서 그는 무슨 말을 해야 할지 모를 정도였습니다. 그가 할 수 있던 모든 말은 "할렐루야! 하나님께 영광을! 나는 자네의 회심을 위해 오랫동안 기도해 오고 있었다네."

하나님은 그의 기도에 응답해 주셨습니다.

그렇지만, 그는 나를 위해 기도해 오고 있는 유일한 사람은 아니었습니다.

거듭난 그리스도인들의 한 단체가 나의 구원을 놓고 오랫동안 기도해 오고 있었던 것을 나는 알게 되었습니다. 이것은 하나님께서는 기도에 응답하신다는 사실을 여실히 보여 주시는 것입니다.

만일 여러분! 누군가를 위해 기도하고 있다면, 약해지지 마시고 지치지 마십시오. 포기하지 마십시오.

왜냐하면 하나님은 신실하신 하나님이시기 때문입니다. 그 분은 여러분의 기도에 응답하셔야 할 때를 정확히 알고 계십니다.

하나님께서 응답하시지 않거나 듣지 않으시는 기도는 없습니다.

당신의 심령 깊은 곳에 숨어있는 가장 은밀한 기도일지라도 그 분은 들으십니다.

성도들의 기도에는 권능이 있다는 사실을 결코 잊지 마십시오. 기도는 예수 그리스도안에서 우리 소망의 원동력입니다.

기도란 무엇인가?

기도는 여러분이 어떤 사람과 말하거나 대화를 주고 받는 것과

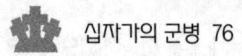

같은 방식으로 하나님께 말씀드리거나 하나님과 대화를 주고 받는 것을 의미합니다.

하나님은 우리의 아버지이십니다. 그러므로 우리는 우리가 우리 부모님께 말하는 방식으로 그 분께 기도드릴 수 있습니다. 여러분이 아직 어렸을 때의 자신들을 상상해 보십시오.

여러분이 어머니에게서 캔디를 받고 싶었을 때, 여러분은 결코 이런 식으로 말하지 않았습니다.

"우리 아버지의 아내이시며, 날마다 요리를 하시며, 우리의 그릇을 닦아 주시는 오 어머니, 거룩한 인사를 당신께 드리나이다. 제가 캔디 하나를 얻을 수 있겠나이까?"

아닙니다. 여러분은 캔디를 얻기 위해 여러분의 어머니께 결코 그런 식으로 구하지 않았습니다.

그대신 여러분은 평범한 방법으로 어머니께 구했습니다. "엄마! 캔디 하나 주세요" 그리고 그때 어머니가 요구를 거절하면, 여러분은 여전히 계속해서 달라고 하며, 그것을 얻을 때까지 울었습니다.

우리가 하나님 아버지께 기도할 때도 똑같습니다. 예수님께서 사용하셨던 "아바(Abba)"라는 단어는 우리가 좋아하시는 방법으로 우리 아버지와 자유롭게 이야기할 수 있는 "아빠(Daddy)"를 의미합니다.

기도라는 단어의 히브리어는 샤알(sha'al)인데, 그것은 "제안(suggestion)"을 의미합니다.

그리고 프로세우쵸마이(proseuchomai)라는 단어가 있는데 그것은 "하나님께 요청하다(request from of God)"를 의미합니다.

　이러한 단어들이 의미하는 바는 여러분이 원하는 것이 무엇이든, 그것이 비록 조그마한 것일지라도, 하나님께 어떻게 해 주셨으면 좋겠다는 견해(ideas) 또는 요구(request)를 하나님께 말씀드리거나 제안할(suggest)수 있다는 것입니다.

　당신이 너무 조그마한 것을 원하기 때문에 하나님께서 당신을 비웃으실 것으로 생각해서는 안됩니다.

　여러분을 위해 기도할 수 있는 것이 무엇일까요?

　야고보서 5장 13절에 보면 너희 중에 고난당하는 자가 있느냐, 저는 기도할 것이요, 즐거워 하는 자가 있느냐, 저는 찬송할지니라, 너희중에 병든자가 있느냐, 저는 교회에 장로들을 청할것이요, 그들은 주의 이름으로 기름을 바르며 위하여 기도할지니라.

　믿음의 기도는 병든 자를 구원하리니 주께서 저를 일으키시리라. 혹시 죄를 범하였을지라도 사하심을 얻으리라.(야고보서 5:13~15을 보십시오)

　그러므로 기도는 스트레스, 결혼문제, 그리고 나쁜 습관 같은 것들로부터 여러분을 자유케 해줍니다.

　기도를 통하여 당신은 또한 유혹을 피할 수 있습니다. 마태복음 24장 41절에서 예수님께서 이렇게 말씀하셨습니다.

　"시험에 들지 않게 깨어 있어 기도하라. 마음에는 원이로되 육신이 약하도다"

　우리의 일상생활에서 우리는 불신자들에게 둘러싸여 있습니다. 뿐만 아니라, 죄와 죄에 대한 유혹으로 둘러싸여 있습니다. 그래서 우리가 세상 유혹에 대항하여 강해지길 원한다면, 우리는 날마다 기도해야 합니다.

우리가 가정과 도시들과 나라들에 영향력을 행사할 수 있는 것은 기도함으로서 이기 때문에 오늘날 그리스도의 몸은 과거 어느 때보다 더 많이 기도해야 할 필요가 있습니다.

기도는 모든 상황에서 견고한 진들을 허물어 뜨릴 수 있습니다. 기도는 한 나라의 역사에 영향력을 행사하며, 저주를 파쇄하며 하나님의 나라를 위해 열방을 예비시킬 수 있습니다.

기도는 마약과 알콜의 사슬을 깨뜨리며, 그리고 집을 나가 방황하는 자녀들을 집으로 돌아오게 하여 가정과 생활에 평화와 기쁨이 돌아오게 합니다!

기도에는 권능이 있습니다.

나는 훈련받았습니다.

매우 많은 사람들이 나를 위해 기도했다는 사실을 알게 된 후, 나는 필립에게 나를 훈련시켜 달라고 부탁했습니다. 나는 그 일에 대해 매우 진지했습니다. 그리고 나는 기초부터 출발했습니다.

필립은 일년간 훈련계획을 가지고 있었는데 나는 매주 그에게 배웠습니다. 그가 어떤 것들을 설명할 때, 그것들이 내게 매우 자연스럽게 여겨졌습니다. 예전엔 거듭난 사람들이 사용하는 용어들을 이해할 수 없었지만, 내 안에서 뭔가 변화가 일어났습니다. 성령님을 통하여, 필립이 내게 가르치고 있는 모든 것을 이제는 이해할 수 있었습니다. 의심은 더 이상 내 마음을 어둡게 할 수 없습니다.

나는 필립으로부터 배운 모든 것을 다른 사람들과 나누었습니다. 그 가르침들은 주안에서 나의 훈련과 제자도(discipleship)의 기초였습니다.

요즘에 조차도, 나는 그 가르침을 돌아보며, 내 생활에 그것들을 거듭 거듭 적용합니다.

기초적인 훈련은 거듭난지 오래지 않은 어린 그리스도인에게는 매우 필수적입니다. 불행하게도 많은 새로 거듭난 그리스도인들이 다시 세상으로 빠져버리는데, 그들에게 기초적이고, 조직적인 성경교육이 부족하기 때문입니다.

어떤 사람안에 견고해진 기초가 한 번 놓여진다면 그 사람이 뒤로 물러나게 될 기회는 훨씬 줄어들게 됩니다.

특별히 서유럽에 있는 우리는 우리 손으로 성경을 사용하거나, 가질 수 있는 특권을 소유하고 있다는 사실을 나는 언제나 말합니다.

어떤 나라들에서는 성경이 허용되지 않으며 교회모임도 용납되지 않습니다. 이러한 역경들이 있음에도 불구하고, 사람들은 하나님을 사랑하며 비밀리에 성경을 손에 넣으려고 시도합니다.

왜 그렇게 하는지 여러분은 아십니까? 성경은 하나님의 말씀이시기 때문에 그렇게 합니다. 성경은 우리를 위한 기록된 안내자입니다. 성경은 기록된 성령님의 음성입니다.

성경은 하나님의 계획의 근본이며, 우리의 삶을 위한 교훈들의 근본입니다.

오늘날 많은 형태의 훈련이 있습니다. 나는 지금 신학 훈련에 대해 말씀드리는 것이 아닙니다!

내가 지금 말씀드리는 것은 우리의 믿음의 행로에서 우리에게 많은 문을 열어줄 성령으로 충만한 기본적 훈련에 관해서입니다.

헤어져야 할 시간

필립과 함께했던 나의 일년 간의 집중 훈련 동안, 나는 많은 것을 배웠을 뿐만 아니라, 그와 그의 가족들과 친교도 즐겼습니다.

성경공부가 끝난 후, 우리가 먹고 힘을 얻을 수 있도록 우리를 위하여 맛있는 음식을 준비하던 필립의 아내를 기억합니다.

그와 함께 하는 나의 훈련이 끝난 후, 그는 선교사로 섬기면서 살기 위해 라트비아로 갈 것이라고 이미 내게 말해 놓았습니다. 나는 그가 그것에 대해서 별로 심각하다고 생각해 보지 않았기 때문에, 그의 계획에 관해서는 잊고 있었습니다. 나의 훈련이 시작된 후 정확히 일년이 되었을 때, 필립은 자신의 집으로 나를 불렀습니다.

그는 "자네를 기다리고 있는 사역을 위해, 자네를 훈련시키려고 하나님께서 나를 이곳에 보내셨다네. 이제 나의 일은 끝났어. 이제 나는 떠나갈 걸세. 자네가 성장할 수 있도록"이라고 말했습니다.

그때 그는 내 눈을 똑바로 쳐다보면서 말했습니다.

"죠셉은 자네의 책임일세. 자네가 그를 그리스도께 데려왔으므로, 자네가 그를 가르치고 훈련시켜야 한다네" 그는 덧붙여 말했는데 "죠셉이 타락하면, 자네가 책임져야 돼"라고 말입니다.

그는 자신이 나를 가르치고 훈련시켰던 같은 방식으로 내가 죠셉을 가르치고 훈련시키도록 위임하고 있었던 것입니다.

3장. 나는 네게 줄 선물이 있단다 81

나는 충격을 받았습니다. 실제로 그의 말은 나를 조금 두렵게 했습니다. 그 당시 내가 이것을 받아들이기에는 쉽지 않았습니다.

그러나 지금 나는 이해합니다. 우리가 섬기는 하나님은 목적과 계획을 가지신 하나님이란 사실을 말입니다.

하나님께서 지구의 반대편에서까지, 나를 훈련시키기 위해 누군가를 보내주셨던 것입니다.

그러나 필립의 책임이 끝났을 때, 주님께서는 그를 다른 곳으로 보내셨습니다.

영적인 낙태

여러 해가 지난 지금도, 필립 목사는 나의 사역에서 나의 절친한 친구이자 동역자로 있습니다.

비록 내가 진보하고 하나님으로부터 더 많은 것을 계속하여 구하도록 내게 용기를 주었지만, 그것은 나로 하여금 그가 떠나게 될 것과 나는 원수들 가운데(among the wolves) 또다시 홀로 남겨질 것이라는 느낌을 주었습니다.

나의 기초적 토대를 형성하던 그 초기시절 동안, 만일 필립이 내게 격려를 주지 않고, 나를 돌보아 주지도, 훈련시키지도 않았다면 나는 오늘날과 같은 내가 결코 될 수 없었을 것이며, 나는 아마 냉냉한 어떤 교회에서 냉냉한 그리스도인(a dead Christian)이 되어 있을 것이며, 사람들에게 실망해서 소진되어 버렸을 것이 틀림없습니다.

그러나 그렇지 않음을 하나님께 감사드립니다.

필립은 나의 영적 성장을 유산시키지 않았습니다. 그는 나의 지도자적인 자질들을 사장시키지 않았으며, 그 대신 그는 성령님의 지혜와 하나님의 음성을 통하여 나를 양육해 주었습니다.

오늘날 많은 사람들이, 그들 자녀들의 영적인 잠재력과 자질들을 죽이고 있는데, 그 잠재력과 자질들이 채 형성되기도 전에 그렇게 하고 있습니다.

그들은 그들 자신의 구시대적이고 보수적인 사고방식에 매달려 있으므로, 그들 자녀들의 영적 개발을 유산시키고 있는 것입니다.

뿐만아니라, 많은 지도자들이 내일의 세계를 변화시킬 장래의 지도자들을 영적으로 죽이고 있습니다.

왜냐하면 많은 지도자들이 낡은 교리적인 진술들과 법, 규칙에 매여 있길 원하기 때문입니다. 그러나 우리는 세상을 위한 그리스도의 이러한 장래 소망들을 유산시키지 못하게 막아야 합니다.

우리는 하나님이 계획하시고 원하는 사람이 되는 방식으로 제자들을 양육해야 하며, 우리가 계획하고 원하는 사람이 되는 방식으로 그들을 양육해서는 안됩니다.

우리는 세상을 변화시키는 자들(world changers), 지금과 다른 세상을 만드는 자들(difference makers)을 배출해 내야 합니다.

이렇게 할 수 있는 열쇠는 주 안에서 서로 격려하는 것입니다.

성령님을 통하여 서로 서로 격려하는 것이 성공의 동력이 되며, 위대한 성취의 동력이 됩니다. 나는 이것을 필립으로부터 배웠습니다.

오늘날 나는, 그리스도안에서 장래의 세상을 변화시키는 사람이 되리라고 내가 믿는 다른 사람들에게 같은 일을 하고 있습니다.

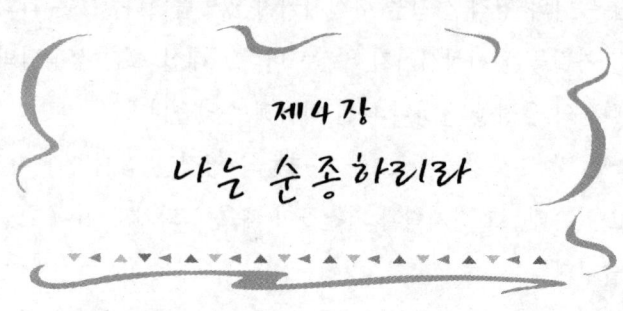

제4장
나는 순종하리라

예수 그리스도와 기독교에 관한 그의 가르침들과 함께 나를 뒤에 남겨 놓은 채, 필립은 떠났습니다.

그는 러시아어를 사용하는 사역을 시작하기 위해 리가(Riga:라트비아 공화국의 수도)로 떠났습니다. 그가 한 말은 여전히 내 마음속에 남아 있었습니다. "죠셉은 자네의 책임일세, 나는 떠나갈 걸세. 자네가 출발할 수 있도록 말이야"

나는 출발했습니다.

그래서 내가 그리스도께 처음으로 데리고 왔던 사람인 죠셉과 함께 나는 남았습니다.

그는 내가 필립으로부터 배운 모든 것을 가르치고 인도하도록 위임받은 유일한 사람입니다.

  혼자 남아서, 나는 수영장에서 수영의 기초를 이제 막 배운 사람처럼 느껴졌습니다. 그리고 이제는 바다에서 스스로 헤엄을 쳐야 했던 것입니다.

  나는 정말 예민해져 있었습니다.

  죠셉을 불러 그에게 말했습니다.

  "다음 목요일, 나의 성경공부에 와주게. 내가 필립으로부터 배운 것을 자네에게 가르쳐 주길 원하네. 매주 일요일에 우리는 함께 교회에 갈 걸세"

  그는 내 제안에 동의했습니다.

  이제 나는 성경공부를 준비하기 위해 한 주간을 가졌습니다. 그러나 내가 성경공부를 위해 준비하는 동안, 하나님께서는 나를 돕기 위해 귀한 분을 보내주셨습니다!

나는 귀한 분을 만났습니다.

  죠셉을 가르치기 위해 준비하는데는 도움이 필요했습니다. 그러나 나의 질문에 대답해 주기 위해, 필립이 더이상 거기 있지를 않았습니다.

  나는 그와 연락할 수 있는 전화번호도 아직 가지고 있지 않았습니다. 어떻게 해야 할지 망설이고 있는 동안, 나를 도우실 수 있는 누군가가 계시다는 생각이 갑자기 떠올랐는데, 그 분은 바로 성령님이셨습니다.

필립이 떠난 후, 나는 필립보다 훨씬 더 능력이 있는 친구의 방문을 받았습니다. 그분은 전에도 그랬고 지금도 여전히 그러하듯이 하루 24시간 내내 저와 함께 계십니다.

성경공부를 준비하는데 도움이 필요했지만 어떻게 해야 할지 몰랐습니다. 그때 성령님께서 내 마음속에서 속삭이셨으며, 또 말씀하셨습니다. "내가 너를 가르쳐 주겠다. 나를 받아들이라. 그러면 내가 너를 지도하리라"

나는 무릎을 꿇었으며, 나를 도와달라고 성령님께 요청했습니다. 그날 이래 오늘에 이르기까지 강의안을 작성할 때는 언제나, 나를 도와주시고 지도해 달라고 성령님께 요청합니다.

나는 교재에 "오, 성령님! 저를 가르치소서."라고 인쇄했습니다.

전에는 강의안을 작성하기 위해 단어 하나를 쓰기 시작했을 때 조차도, 나는 그 인쇄된 문구를 바라보곤 했습니다.

성령님은 항상 내 영감의 근원이셨으며, 지금도 여전히 그렇습니다.

예수님도 제자들에게 같은 사실을 말씀하셨습니다.

그분께서 떠나신 뒤, 제자들은 성령이 임할 때까지 기다려야 하며, 또 성령으로 충만해져야 한다고 예수님께서 제자들에게 말씀하셨던 것입니다.

나는 내가 혼자라고 생각했으며, 나는 어떤 사람에게 의존되어 있다고 생각했습니다.

그러나 그렇지 않았습니다. 이것은 전혀 그런 경우가 아니었습니다. 나는 혼자가 아니었습니다.

예수 그리스도는 나를 위해 죽으셨고, 지금 그 분은 하나님의 우편

보좌에 앉아 계십니다.

예수님께서는 성령님을 보내주셨는데, 성령님은 우리의 인도자(guide)이시며 우리를 도우시는 분(Helper)입니다.

한 사람을 위하여, 성경공부를 인도하는 새로운 도전에 착수했을 때, 성령님은 매 순간마다, 준비를 위한 나의 매 단계마다, 저와 함께 계셨습니다. 그러나 성령님은 누구이시며, 그 분이 우리를 위해 하실 수 있는 것은 무엇일까요?

이 질문에 대답하기 전에, 나는 삼위일체에 관해 어느 정도 분명히 해두고 싶습니다.

삼위일체

많은 사람들이 이 말에 대하여 혼돈하고 있습니다.

그들은 말합니다. "하나님이 어떻게 세 분일 수가 있는가? 하나님은 오직 한 분이셔"

그 문제의 진실은 이렇습니다. 하나님은 한 분이시지만, 삼위일체(Trinity)안에 계시는 한 분이십니다! 그것을 여러분께 설명드리겠습니다.

창세기에 의하면, 하나님은 우리를 창조하셨는데 자신의 형상을 따라 그렇게 하셨습니다.

우리는 하나님의 형상을 따라 지음을 받았기 때문에, 모든 인간은 혼(soul)과 영(spirit)과 몸(body)으로 구성되어 있습니다. 이 세 가지가 인간이 어떠한 존재인가를 결정합니다.

당신의 몸이 아시아에서 이 책을 손에 쥐고 있는 동안, 당신의 혼(soul)은 미국의 어느 곳인가에 있고, 반면 당신의 영(spirit)은 유럽에서 한잔의 차를 마시고 있다는 것을 말하는 것이 아닙니다.

아닙니다. 그렇다면, 우스꽝스럽게 될 것입니다!
당신이 몸은 있지만 혼이 없다거나 또는 몸은 있지만 영이 없다고 상상해 보십시오. 결코 안 될 말입니다. 이 세 가지 모두는 분리될 수 없습니다.
이 세 가지 모두가 당신이 어떤 사람인가를 만듭니다.
하나님의 삼위일체 본질은 신성(Godhead)으로서 언급되기도 합니다.
나는 언제나 "삼·일(three unity)"이라는 용어를 즐겨 사용합니다. 참으로 예수 그리스도는 아버지와 성령님의 육체적 모습(the physical form)이며, 성령님은 아버지와 예수님의 영적인 모습(the spiritual form)입니다. 그들 모두는 하나입니다.
하나님은 아버지와 아들과 성령님 사이의 분리할 수 없는 연합 안에 계신 하나님입니다.

성령님은 누구십니까?

많은 사람들이 성령님에 관해 잘못된 생각을 가지고 있습니다. 뉴 에이지 운동(New Age movement)에서 사람들은 거듭나지도 않고, 그리스도를 믿지도 않는 상태에서조차 성령님께 가까이 갈 수 있으며, 그 분과 교통할 수 있다고 생각합니다.

자신들이 성령님을 소유하고 있다고 말하며, 또 그분(성령)께서 하나님 말씀에 근거하지도 않는 것을 자기들에게 행하라고 말씀하신다고 하는 많은 사람들을 보아왔습니다.

그들이 그리스도께 헌신했는지를 내가 그들에게 물어볼 때, 그들은 헌신하지 않았다고 말합니다.

그들은 모든 종교는 같다고 말합니다. 그들은 그러한 잘못된 말을 하고 있으며, 그들은 여전히 성령님을 알지 못합니다!

이런 사람들이 성령님을 아는 것은 불가능할 것인데, 왜냐하면 성령님은 오직 예수 그리스도의 제자들로, 헌신된 사람들에게만 주어지기 때문입니다.

우리가 성령님에 대해 반드시 알아야 할 첫번째 것은 우리가 만일 우리의 주님(Lord)과 구주(Savior)로서 예수 그리스도를 영접하지 않으면, 그 분은 결코 우리의 삶안으로 들어오시지 않으신다는 사실입니다. 이것은 그들이 분리될 수 없기(inseparable) 때문에 그렇습니다.

먼저 예수님을 영접하게 되면, 성령님께서 오시게 됩니다.

예수 그리스도를 믿는 것에 관해서도 동일한 설명이 가능합니다.

만일 당신이 하나님 아버지를 알지 못한다면 당신은 결코 예수님을 알지 못합니다.

그리스도나 성령님을 영접하기만 하면 당신은 하나님 아버지를 부정할 수 없게 됩니다.

이것은 그들 모두 서로 분리될 수 없기 때문입니다.

우리가 알아야 할 필요가 있는 두 번째 것은 성령님은 어떤 드러남(manifestation)이 아니고, 그 드러남을 제공해 주시는 분(Giver)이라는 사실입니다.

성령님은 방언이 아니고, 인격(a Person)이십니다. 성령님은 예언이 아니고, 인격이십니다.

우리들 가운데 많은 이들은 성경이 우리에게 약속하고 있는 이러한 은사들 안에 성령님을 제한합니다. 그러나 성령님은 이러한 은사들보다 더 크신 분이십니다. 이것을 더욱 분명히 이해하기 위해서, 당신이 영국 출신의 어떤 여성과 결혼했다고 상상해 보십시오.

물론 당신의 아내는 어떤 이름을 가지고 있으며, 당신은 "어이 영국여자, 이리 와봐!"라는 식으로 말하지는 않을 것입니다. 그렇습니다. 당신은 그렇게 부르지 않고 이름으로 그녀를 부를 것입니다.

같은 이유로 당신은 그녀를 무시하지 않을 것이며, 또 당신은 그녀가 당신을 위해 뭔가 먹을 것을 요리해주기 원할 때에만 그녀에게 말을 건다거나 하지도 않을 것입니다.

또한 당신은 "어이! 나를 위해 뭔가 요리 좀 해 봐"라는 식으로 말하지도 않을 것입니다. 그런 말에 그녀는 화가 날 것이고 상처 받게 될 것입니다.

그러나 오늘날 우리는 성령님께 이와 같은 언행을 하고 있습니다.

우리는 성령님에 대한 우리의 견해를 방언말함과 같은 어떤 영적인 것들로만 제한합니다.

나는 방언으로 기도할 때만이 성령께서 그들과 함께 해주신다고 믿는 사람들을 보아왔는데, 그렇지 않습니다. 그건 틀렸습니다! 성령님은 동작, 시간 또는 공간에 의해 제한받지 않으십니다.

성령님은 하루 24시간 우리와 함께 계시는 분이십니다. 우리가 길을 걸을 때도, 우리가 집이나 일터에서 이야기할 때도 그 분은 우리와 함께 계십니다.

그분은 우리 일상생활의 모든 영역에서 우리를 도와주시는데, 그분께서 그렇게 해달라고 우리가 요청한다면 말입니다!

우리가 알아야 하는 세 번째 것은 그분이 우리를 도우시는 분(Helper)이라는 사실입니다. 요한복음 14장에서 예수님은 우리에게 진리의 영이신 보혜사 성령님을 우리에게 보내주시겠다고 약속하셨습니다. 우리는 성령님이 우리를 도우시고, 우리를 인도하시기 위해 우리에게 보내심을 받았다는 것을 깨달아야 합니다.

성령님께서는 우리가 원하지 않거나 무언가 하시도록 우리가 그분께 허락하지 않으면, 어떤 것도 행하시지 않습니다.

내가 아직 성령님과의 관계에서 성숙하지 못했을 때, 사람들이 내게 하라고 말하는 것은 "무엇이든지 '성령님의 이름'으로 해야 한다"고 생각했습니다.

사람들이 내게 화를 내고 떠나가 버리는 것을 나는 원치 않았습니다.

"당신이 해야 할 것을 성령님이 내게 말씀하셨어요"라고 말하는 사람들이 내 주위에는 많이 있었습니다. 물론 그들이 내게 말한 것들 중 어떤 것들은 성령님으로부터 온 것이었습니다. 그러나, 어떤 것들은 사람이 만들어 낸 생각들이었습니다.

우리는 우리를 위해 성령님께로부터 들었다고 다른 사람들이 말하는 것들에 대해 우리 스스로 기도하는데 마음을 써야 합니다. 왜냐하면 우리의 궁극적인 책임은 하나님께 있으며, 사람에게 있는 것이 아니기 때문입니다.

내가 부정적인 방식으로 성령님을 두려워하였기 때문에, 스스로를 확신할 수 없었습니다.

어쩌면 오늘날 당신도 역시 같은 식으로 성령님을 두려워합니다.

나는 성령님께 대해서 건전하지 못하고 균형잡히지 못한 견해를 가지고 있었으므로, 어쩌면 내가 그 분을 화나게 하거나 실망시킬 수도 있다고 생각하고 그것을 인정하는 일은 편안한 일이 아니었습니다.

우리들 중 어느 누구도 영원히 잊지 말아야 할 중요한 것을 배워야만 했습니다. 성령님은 우리를 도우시는 분(Helper)이시며, 그 반대가 아닙니다.

우리가 성령님을 돕는 자가 아닙니다. 그 분은 우리의 도움을 필요로 하지 않습니다. 우리는 그 분의 도움을 필요로 합니다! 그러므로 우리는 성령님과 우리의 교제에서 두려움이 없어야 합니다. 요한1서4장18절에서 "사랑안에 두려움이 없고 온전한 사랑이 두려움을 내어 쫓나니 두려움에는 형벌이 있음이라 두려워 하는 자는 사랑안에서 온전히 이루지 못하였으니라"고 사도 요한이 말할 때 우리는 이것의 중요성을 볼 수 있습니다.

한번은 내 삶을 변화시킨 특별한 경험을 한 적이 있습니다.

복음을 전파하기 위해 필리핀에 초청을 받았습니다.

우리가 주님을 예배드리기 시작하자, 그리스도의 제자인 이 특별한 한 자매에게 예사롭지 않은 일이 일어나려 했습니다.

그녀는 사람들에게 가서 그들을 위협하려고 했습니다. 그녀의 목소리는 협박하는 식으로 변했고, 그녀는 계속해서 이상한 말만 했습니다.

맨처음에 나는 그것이 성령님의 역사하심이라고 생각했지만, 나중에 그렇지 않다는 것을 알았습니다.

그녀가 그런 경험을 할 때마다 나는 매우 두려워졌습니다. 그녀가 그런 짓을 했을 때마다 나는 내 자신에게 "이번에 내가 실수한 것은 무엇일까"하고 자문해 보았습니다. 나는 단지 이런 일들이 지나가게 했습니다. 왜냐하면 이런 일들은 거의다가 작은 기도 모임에서 일어났기 때문입니다.

집회 첫날 동안 많은 사람들이 하나님의 말씀을 듣기 위해 그곳에 왔습니다. 내가 설교하기 시작했을 때, 이 자매는 일어나서 소리쳤으며, 집회 전체를 어지럽게 했습니다.

어떤 사람들은 회중들이 그 자매에게 집중되는 것을 견디지 못했으며, 그래서 그들은 떠나갔습니다.

나는 여전히 그녀에게 아무런 조치도 하지 못했지만, 계속 설교는 했습니다.

그날 밤, 호텔 방안에서 성령님께서 제게 임하셨으며 말씀하셨습니다. "아들아! 나는 너를 일만 킬로미터나 떨어진 이곳 필리핀에 '보잘 것 없는 무가치한 것(nothing)'을 전파하기 위해 너를 보낸 것이 아니란다. 내가 만일 그 자매를 사용하기 원했다면 나는 그녀를 사용했을 것이다. 그러면 너는 여기에 올 필요가 없었을 것이다"

그분은 계속해서 말씀하셨습니다. "나는 너를 돕기 위해 여기 있단다. 나는 네가 구하고 원하는 것을 행할 것이다"

그때 나는 성령님께 제가 성령님을 더 잘 알도록 도와달라고 요청하였습니다. 그분은 "오늘부터 이것을 깊이 생각하여라. 우리는 서로 동역자(partners)란다. 나는 네가 싫어하는 어떤 것도 하지 않을 것이다! 우리는 하나란다!"라고 말씀하셨습니다.

그 다음날, 내 마음이 담대해졌으며, 나는 그녀를 내가 묵고 있던 호텔로 불러, 그녀에게 모든 것을 말했습니다. 그녀의 반응이 갑자기 돌변했습니다.

그녀는 자기 자신을 때리며, 소리치기 시작했는데, "나는 하나님을 버렸어"라고 소리치면서 그렇게 하는 것이었습니다.

이것에 대응하여 나는 창문 쪽으로 얼굴을 돌려 나의 모국어로 기도하기 시작했습니다.

나는 그때 그녀 안에 있는 악령에게 말을 걸었으며, 내가 평소 사용하는 말로 어떤 질문을 했습니다. 그러나 그녀 안에 있는 악령은 나에게 대답할 수가 없었습니다.

갑자기 그 악령이 그녀의 이름을 외치고 말했습니다. "그녀는 죽었어. 그녀는 죽었어" 또한 그 악령은, 그녀가 일년 안에 죽게 될 거라고 내게 말했습니다.

그녀는 오늘날 여전히 살아 있기 때문에 그 악령은 진짜 거짓말쟁이임에 틀림 없었습니다.

그날 나는 매우 두려워했기 때문에, 그 집회에서 아무도 성령님의 권능으로 만져주심(touch)을 받지 못할 것이라고 생각했습니다.

그런데 그 집회에서, 하나님의 권능은 너무 강력해서 집회장 건물 밖에서 봉사하던 안내자들조차 성령의 권능으로 인해 쓰러졌습니다. 그때 이후로, 사람들을 치유하는데 어마어마하게 역사하시는 성령님을 나는 줄곧 보아 왔습니다.

기쁨과 평강

성령님은 우리의 삶에 기쁨과 평강을 가져다 줍니다.

성령님께서 우리를 흑암으로부터 자유케 하실 때, 우리에게 두려움이 아닌 기쁨을 가져다 줍니다. 만일 당신을 혼란케 하고, 더욱 더 두렵게 하는 어떤 경험을 하게 되면 그때는 성령님께 다시 기도하면서 고려해 보는 것이 최선의 방법입니다.

당신을 도와달라고 성령님께 요청하십시오. "오직 성령의 열매는 사랑과 희락과 화평과 오래 참음과 자비와 양선과 충성과 온유와 절제니"라는 성경 갈라디아서 5장 22절과 23절 말씀을 기억하십시오.

성령의 열매가 이러한 것들이라면, 그 분 역시 이러한 성품적인 자질들을 가지고 계심을 의미합니다.

만일 그분 자신이 오래 참지 못하신다면 그 분이 우리에게 오래 참음을 주시는 것은 불가능할 것입니다. 그 분 사신이 그 분

안에 화평이 없으시다면 그 분은 우리에게 화평을 주실 수 없을 것입니다.

그 분이 어떤 상황에 있을 때, 그때 그 열매는 그 분 자신의 성품이 될 것입니다.

성경공부 모임이 성장하다.

죠셉과 함께 성경공부를 하고 있을 무렵, 전임 복음전도자가 되겠다고 의도한 적은 없었습니다. 나는 단지 죠셉을 돕기 원했기 때문에 그것을 했던 것입니다. 나는 주님을 위해 일해야 한다는 말을 자주 들었습니다. 그러나 그때를 뒤돌아보면, 나는 비즈니스맨이었고, 또한 동시에 대학에서 학위를 위해 공부하고 있었습니다.

나의 계획은 돈을 벌어서 재정적인 수단을 통해 그리스도의 몸을 지원해 주는 것이었습니다. 죠셉은 내가 가르치고 있던 유일한 사람이었습니다.

나는 '존'이란 이름의 비즈니스 파트너가 있었는데, 우리는 거의 매일 함께 일했습니다. 하나님에 대해 그에게 종종 말하곤 했습니다. 우리는 자주 토론과 논쟁을 벌렸는데, 그는 마치 내가 거듭나기 전에 그랬던 것처럼 완고하기만 했습니다. 그는 하나님은 없으며, 우리는 진화를 통해 존재하게 되었다고 말해서 자주 나와 논쟁하곤 했습니다. 그는 과학에 관해 아는 것이 많았으며, 그 외 다른 어떤 것도 알고 싶어하지 않았습니다. 그는 종교를 원하지는 않았지만, 과학마저도 현대 종교의 한 가지 형태라는 사실을 망각하고 있었습니다.

그는 항상 나에게 이렇게 말했습니다. '종교에서 당신은 보지 못하는 것을 믿고, 과학에서 당신은 먼저 그것을 봅니다' 그러나 이 말은 틀린 것인데, 왜냐하면 과학안에도 단지 수용되기만 하거나, 가정된 것들이 많이 있기 때문입니다. 가령 진화론 같은 것이 바로 그런 경우입니다.

아무리 추론을 해도 태초에는 아무도 없었을 것이기 때문에, 직접 보았거나 경험한 사람이 아무도 없는 어떤 사실에 대해 진화론조차도 믿음을 요구하게 됩니다.

존의 가정(assumption)에는 명백한 오류가 있었습니다. 왜냐하면 진화론은 그가 보거나 경험하지 못한 어떤 것을 믿는 믿음을 요구하기 때문입니다.

나로서는 만일 내가 믿고 싶은 것 하나를 선택해야 한다면, 나는 하나님께로 왔으며 원숭이같은 종류에서 오지 않았음을 택할 것이라고, 그에게 분명히 말해두었습니다.

존과 나는 이러한 과학적 주제들에 관해 언제나 논쟁하곤 했습니다.

당신은 어떻습니까? 당신의 근원은 어디입니까? 당신은 어디서 왔습니까?

태초에

창세기는 성경의 첫 번째 책입니다.

창세기란 의미의 영어(Genesis)는 헬라어에서 파생된 단어인데 기원(origin)또는 원천(source)을 의미합니다.

창세기의 히브리어 원전은 베레시드(Bereshith)로서 명칭되어 있는데 이 말은 "태초에"(in the beginning)를 의미합니다. 하나님은 우리의 근원입니다.

이 세상을 창조하신 분이 바로 그 분이십니다.

창세기 1장은 만물의 시작이 하나님과 함께 함을 우리에게 가르쳐 줍니다.

한 가지 예를 들어보겠습니다. 오늘날 우리가 살고 있는 세상에, 정체성 문제(identity problems)를 가지고 있는 많은 어린 이들이 있습니다.

그들은 자신의 아버지와 어머니가 누구인지 알지 못합니다. 그들이 성장했을 때, 심리적인 문제들을 가지게 되는데, 그들은 자신을 낳아준 생물학적 부모가 누구인지 알지 못하기 때문입니다. 결국 그들은 심각한 문제거리를 갖게 되고, 더 심한 경우, 자살하기도 합니다.

오늘날 우리가 사는 사회에 대하여서 같은 원칙이 적용됩니다. 이 사회의 진정한 아버지는 누구인가 하는 것과, 그리고 누가 이 사회의 근원(beginning)이신가 하는 것을 우리가 살고 있는 이 사회는 줄곧 망각해 왔습니다.

이것이 바로 우리가 사는 도시가 증오, 간음, 전쟁 빈곤, 그리고 범죄 및 이와 비슷한 것들과 힘겹게 싸우면서 병들어 있는 이유입니다.

사람들이 만물의 근원으로서 하나님을 인정하지 않고 무시하기 시작할 때, 그때 그들은 또한 창조자 하나님의 모든 계명들을 무시하기 시작합니다.

그들은 하나님의 선지자들의 가르침들을 무시할 것이며, 그분의 말씀과 그 분의 아들 예수 그리스도를 무시하기 시작할 것입니다.

그들이 하나님을 무시하기로 선택할 때, 그때 그들의 자녀들은 하나님의 계획을 따라 양육되지 않을 것이며, 그 결과로서 무질서한 가정, 혼란한 사회, 그리고 혼란한 세상이 될 것입니다.

이것이 바로 자녀들이 마약을 탐닉하고 가정들이 해체되는 이유입니다.

사람들은 창조자이신 하나님, 우리의 근원이신 분을 무시해 왔습니다.

어떤 사람이 자신의 근원을 알게 될 때, 어느 누구도 그 사람을 속일 수 없습니다. 당신이 당신의 근원을 알게 될 때, 당신은 또한 당신의 현재와 당신의 끝을 알게 됩니다.

당신은 당신이 어디로 가고 있는지를 압니다.

성경은 태초에 이미 삼위 하나님이 계셨음을 우리에게 가르쳐 줍니다. 하나님께서 우리가 사는 세상을 창조하실 때, 예수 그리스도는 이미 존재하고 계셨습니다.

"태초에 말씀이 계시니라 이 말씀이 하나님과 함께 계셨으니 이 말씀은 곧 하나님이시니라. 그가 태초에 하나님과 함께 계셨고, 만물이 그로 말미암아 지은바 되었으되 지은 것이 하나도 그가 없이는 된 것이 없느니라" (요한복음 1:1~3)

예수님께서 또한 말씀하셨습니다.
"진실로 진실로 너희에게 이르노니 아브라함이 나기 전부터 내가 있느니라"(요한복음 8:58)

이것은, 만일 우리가 예수님을 알지 못하면 우리는 우리의 근원이신 우리 하나님을 알 수 없다는 것을 의미합니다.

유대교도들과 그리스도인들의 차이점은 유대교도들은 예수 그리스도가 하나님이라는 사실을 믿지 않는 것입니다. 예수의 가르침을 믿고, 알고, 순종하는 것 없이 여러분은 결코 여러분의 근원이신 분을 아는 것은 불가능합니다.

더 나아가 태초에 성령님께서 계셨습니다. 창세기1장2절에 "하나님의 신은 수면에 운행하시니라"라고 기록되어 있습니다. 우리는 그 분의 성령(그의 신:His Spirit)을 알지 못하고서, 우리 하나님을 알 수는 없습니다.

우리는 성령님의 존재를 인정해야 하며, 그 분의 음성에 순종해야 합니다. 왜냐하면 그 분은 지금 이 순간에 우리의 상담자이며 우리의 스승이시기 때문입니다.

사람의 창조

창세기 1장에서 하나님께서 맨 처음 하늘과 땅을 창조하셨음을 읽게 됩니다. 그 다음에 그 분은 빛을 창조하셨으며, 물이 한 곳으로 모이고 뭍이 드러나도록 분리하셨습니다. 그리고 그 분은 식물과 동물들을 창조하셨는데, 가장 작은 것에서부터 가장 큰 것에 이르기까지 창조하셨습니다.

땅이 준비된 후에, 하나님은 사람을 만드셨던 것입니다.

하나님은 이 모든 것들을 사람에게 주셨으며, 그것들을 지배하고 다스리라고 말씀하셨습니다.

자녀의 출생을 기대하는 부모님이, 그 아이를 임신해 있는 9개월 기간 동안, 그 아이의 방을 준비하고, 그 아이의 옷과 이불을 준비하는 것처럼 하나님께서도 그렇게 모든 것을 준비해 주셨던 것입니다.

그래서, 아이가 태어났을 때, 모든 것은 예비되어 있고 그 아이의 방도 준비되었습니다.

하나님이 인류의 사조인 아담을 창조하셨을 때, 모든 것이 그를 위해 준비되어 있었습니다. 창세기 2장에서는 사람의 창조를 묘사하고 있습니다.

이런 사실에도 불구하고 인류는 어떻게 인간으로서 이 세상에 오게 되었는가 하는 근원을 찾는 탐색을 계속하고 있습니다.

과연 인간은 누구입니까?

첫 번째로, 하나님은 사람을 창조하셨는데, 자기의 형상을 따라 창조하셨습니다.

진화론자들은 우리 인간이 지능이 있는 원숭이 종류에서 진보된(진화된) 형태라고 우리에게 말합니다. 이 말은 틀린 말입니다. 왜냐하면 하나님께서 자신의 형상을 따라 우리를 창조하셨기 때문입니다.

이것과 반대로 하나님께서는 자신의 생기(breath)를 사람에게 불어 넣으셨다는 것을 우리는 방금 배웠습니다.

생기란 말의 히브리어는 네샤마(neshamah)인데, "에너지, 바람, 영(spirit)"을 의미합니다.

하나님은 매우 특별한 방법으로 우리를 만드셨습니다. 하나님은 가장 위대한 예술가입니다. 당신은 하나님에 의해 만들어진 아름다운 예술 작품임을 생각해 보십시오.

그 분이 당신을 볼 때, 하나님은 자신의 예술 작품을 즐거워 하시는데, 그 분이 당신을 사랑하시며, 당신을 만드신 그 방법을 사랑하시기 때문입니다.

당신은 독특한 신체와 성격을 소유한 독특한 사람입니다. 당신은 하나님의 특별한 작품입니다. 전 세계를 통털어, 당신과 똑같은 사람은 단 한 명도 없습니다. 이것은 하나님의 눈에는 매우 큰 기쁨입니다.

두 번째로 사람은 하나님을 닮았으므로, 남자든 여자든 도덕적 존재입니다. 모든 남자와 여자는 무엇이 선하며 무엇이 나쁜가를 압니다.

불신자들조차도 이러한 것들을 아는데, 사람은 하나님의 형상으로 지음받았기 때문에 그렇습니다.

범죄자의 마음속에조차, 어떤 선한 것이 있음을 나는 믿습니다.

세 번째로, 인간은 이성(理性)이 있는 존재인데, 하나님이 이성이 있으신 분이시기 때문입니다.

우리의 하나님은 창조주이십니다. 그리고 마찬가지로 우리 역시 창조적인 존재들입니다.

지금 우리가 살고 있는 세상을 보십시오. 인간은 엄청난 기술적, 과학적, 예술적 목표를 성취해 왔습니다.

사람은 하늘을 납니다. 사람은 뭔가를 발견합니다. 사람은 뭔가를 만듭니다.

이러한 모든 것이 가능한 이유는 사람은 하나님의 형상대로 지음 받았기 때문입니다.

네 번째로, 인간은 영원한 존재인데, 왜냐하면 하나님이 영원하시기 때문입니다.

그러나 사람이 타락한 후, 죄가 이 세상에 들어왔으며 사람은 육체적으로 죽게 되었습니다. 그럼에도 불구하고 사람은 여전히 영원한 영적 존재입니다.

죽음 후에는 두 종류의 생명이 있음을 성경은 말씀합니다. 천국에서 영원한 평강의 삶과 분노, 정죄와 형벌로 이를 가는 것으로 가득찬 영원한 저주의 삶이 바로 그것입니다.

하나님 아버지, 예수 그리스도와 성령님을 믿고 순종하는 사람들은 영원한 평강과 기쁨 가운데 영원히 살게될 것입니다.

예수님께서 말씀하셨습니다. "나는 부활이요, 생명이니 나를 믿는 자는 죽어도 살겠고, 무릇 살아서 나를 믿는 자는 영원히 죽지 아니하리니"(요한복음 11:25~26)

마지막으로 인간은 자유의지를 소유한 권위있는 존재입니다.

하나님은 이 세상을 창조하셨습니다. 그리고 그 분께서 아담에게 그것들을 지배하고 다스리라고 지시하셨습니다.

그분은 또한 아담에게 자유의지를 주셨습니다. 만일 하나님이 우리에게 자유의지를 주시지 않으셨다면 우리는 마치 로봇과 같은 존재에 지나지 않습니다.

그 분은 우리에게 자유의지를 주셨는데, 우리가 그 분을 선택하든지 안 하든지 우리가 선택할 수 있도록 하기 위함입니다.

그 분은 우리가 그 분을 거부하고 무시할 수 있는 자유의지를 우리에게 주시기까지 하셨습니다.

인간으로서 우리는 하나님과 하나님의 가르침, 그리고 하나님의 계명들을 무시해 왔는데, 예수 그리스도를 우리의 구세주로서 받아들이지 않고 거부함으로서 그렇게 해왔던 것입니다.

우리는 하나님께서 우리에게 주신 권위와 자유의지를 남용해 왔습니다. 그리고 우리는 우리가 사는 세상을 곤경으로 몰아넣어 혼란케 해 왔습니다.

그것이 바로 우리가 사는 세상에 전쟁과 환경파괴가 있는 이유입니다.

가로등

나는 나의 비즈니스 파트너였던 존이 어떻게 그리스도께 나아왔는지를 기억합니다. 나는 늘 그를 위해 기도해 왔으며, 그에 대해 기도를 결코 포기하지 않았습니다. 존은 나의 사업 파트너일뿐만 아니라, 나의 이웃이기도 했습니다.

우리는 매일 밤마다 사업에 관한 얘기를 나누고 또 신선한 공기를 마시기 위해 함께 산책하곤 했습니다. 어느날 밤, 나는 성령으로 매우 충만케 되었으므로, 하나님에 대한 이야기를 멈출 수 없을 정도였

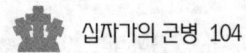

습니다.

나는 그에게 말했습니다. 하나님께서 우리와 함께해 주실 때, 어떤 것도 우리를 대적할 수 없다고 말입니다.

믿거나 말거나, 하나님께서 우리를 보호해 주실거라고 내가 그에게 말하고 있는 바로 그때, 바로 누군가가 우리에게 퍼붓기 위하여, 엄청난 양의 물을 한 아파트에서 아래로 던지다시피 부었습니다. 이미 밤은 깊었고, 물은 겨우 2센티미터 정도로 우리를 비켜갔습니다.

그 경험은 존에게 충격적이었습니다.

우리가 좀 더 걸어 내려 갔을 때, 한 여인이 창문을 열고 우리를 저주하고 우리에게 침을 뱉었습니다.

그 뱉어진 침 역시 우리에게 닿지 못했습니다. 우리는 어느 가로등이 파손되어 있는 큰 거리로 돌아왔습니다.

그 가로등은 완전히 꺼져 있었습니다. 그 순간 나는 존이 그의 심령(in his heart)에게 말하는 것을 들을 수 있었습니다. 그는 이렇게 말하고 있었습니다.

"사무엘의 하나님이 진짜 하나님이시라면, 예수님이 정말 계신다면, 사무엘에게 명하사 저 가로등에 불이 들어오게 해 주십시오"

나는 존을 바라보았습니다. 그리고 나는 그에게 왜 의심하느냐고 물었습니다.

내가 그렇게 하길 그가 원한다면, 그가 내게 요청해야 한다는 것도 그에게 말했습니다.

그는 내가 자기의 마음속에 있는 것들을 어떻게 알 수 있을까에 대해 크게 놀랐습니다. 그때 나는 가로등을 쳐다보면서 말했습니다. "하나님의 아들 예수 그리스도의 이름으로 명하노니 빛을 발할지어다"

어둠속에서 갑자기 가로등이 빛을 발하는 것이었습니다.

존은 펄쩍 뛰었습니다. "어떻게 그렇게 한거야?"

그는 물었습니다. 그리고는 답변을 기다리지 않고 "저 가로등이 다시 꺼지게끔 말해봐" 그래서 나는 그 가로등을 보았고 그리고 그것이 꺼지도록 명했습니다. 순식간에 그 가로등 불은 나갔습니다.

존은 내게 그것을 다시 해보라고 요청했습니다. 그리고 나는 그렇게 했습니다. 그날 밤, 존은 자신의 삶을 그리스도께 드렸습니다. 얼마 후 그의 아내도 그리스도께 자신의 삶을 드렸습니다.

이 부부는 오늘날 예수 그리스도 재단 세계 복음 선교회(JCF world evangelism)에서 행정적인 일들을 담당하고 있습니다.

존은 또한 음악 지도자이기도 합니다.

존과 죠셉, 그리고 나는 함께 우리의 주님으로서, 또 우리의 구세주로서 예수 그리스도를 영화롭게 하며, 전 세계를 여행하고 있습니다.

그렇습니다. 마치 그 가로등처럼 하나님은 모든 어둠을 빛으로 전환하실 수 있습니다. 하나님은 빛이십니다. 만일 당신의 삶이 어둠 가운데 있다면, 염려하지 마십시오! 어둠은 결코 빛을 이길 수 없습니다. 선(Goodness)은 결코 악에게 지지 않습니다.

질병은 결코 예수 그리스도안에 있는 치유를 이길 수 없습니다. 만일 당신의 삶에 소망이 없거나, 잘못된 길로 향하는 것처럼 보이거나 또는 당신이 사랑하는 누군가가 주님께로 돌아오도록 당신이 기도하고 있다면, 낙심하지 마십시오.

빛은 언제나 어둠을 이깁니다. 진리는 언제나 거짓을 이깁니다. 선은 언제나 악을 이깁니다. 하나님께는 불가능한 일이 없습니다. 당신과 나는 저주 아래 살 필요가 없습니다.

우리는 하나님의 아들과 딸로서 대단한 사람들입니다.

사역은 시작되고

존과 그의 아내가 회심한 후, 이제 내가 인도하던 성경공부는 세 명이 모이게 되었습니다.

매주 화요일에 우리는 공부하기로 했으며, 나는 그 모임에서 약간의 경험을 하기 시작했습니다.

어느날, 나는 이런 이상한 일을 경험했습니다.

나의 장모님이 나에게 전화를 걸어왔는데, 기도받기를 원하는 어떤 여인에 관한 내용이었습니다.

장모님은 그 여인을 위해 기도해 주러 자기 집으로 와 달라고 내게 요청했습니다.

나는 그날 너무 지쳐 있었으므로 나는 거의 부정적으로 안된다고 장모님에게 대답했습니다.

그러나 내 속에 있는 어떤 음성이 다시 한 번 내게 가라고 말했습니다. 그 음성은 바로 나의 스승이신 성령님의 음성이었습니다. 그 분이 말씀하셨습니다. "가라 내가 너와 함께 가리라" 나는 내 자전거를 타고, 나의 처가 집으로 갔습니다.

그 여자가 거기에 앉아 있었는데, 그녀는 내 얼굴을 안보려고 했습니다. 그녀는 내가 그녀에게 말하는 모든 것에 대해서도 적대하고 있었습니다.

그녀와 함께 있는 것이 편치 못했습니다.

나는 그녀에게 말했습니다. "당신을 위해 기도해 드리겠습니다" 그리고 나는 내 손을 그녀의 어깨위에 얹고 기도하기 시작했습니다. 내가 예수 그리스도의 이름을 말한 순간, 그녀는 펄쩍 뛰었습니다. 그녀의 얼굴이 변했으며, 그녀의 음성은 남자 음성으로 변했습니다.

그 음성(남자의 음성)이 말했습니다. "내게 무엇을 원합니까?" 그 음성은 그녀 안에 있는 악령이었습니다. 그 악령이 말했습니다. "나는 당신을 알아요. 당신은 예수님께로 왔습니다. 그분은 태초부터 아버지와 함께 계셨습니다. 제발 나를 내쫓지 마세요. 나는 이 년을 죽이고 싶어요."

그 악령을 쫓아내는데 다섯시간 이상 걸렸습니다. 악령이 쫓겨난 뒤, 그 여인은 방언으로 기도하기 시작했으며, 내 앞에서 절하기 시작했습니다! 나는 생각했습니다. 왜 이 여인이 내게 절을 하는 거지?

나중에 그녀는 내 안에 계신 예수님을 보았다고 말했습니다. 그 여인의 질병 역시 치유되었습니다.

그 후 사람들이 기도해 달라고 내게로 모여들기 시작했습니다. 많은 사람들이 그리스도께 나왔으며, 또 치유받았습니다.

어떤 사람들은 예수 이름으로 치유받고자 500킬로미터 이상이나 여행하여 왔습니다. 많은 사람이 구원받고 하나님의 나라에 들어왔습니다.

우리는 즉시 내가 살던 집에서 부흥성회(revival meeting)를 열었으며, 많은 놀라운 일들을 경험했습니다. 기사와 표적이 나의 사역에 따랐습니다.

처음에 사람들에게 복음을 전하는 것은 쉬웠습니다. 내가 사람들에게 복음을 전할 때마다, 그들은 자신의 삶을 그리스도께 드렸습니다.

어떻게 이런 일이 가능할까 나는 놀랐습니다.

내가 하나님의 나라에 들어가서 언젠가 예수 그리스도의 복음을 전 세계에 전파하게 될 강력한 팀을 구성하게 되리라고는 그 당시엔 알지 못했습니다.

나는 하나님의 음성을 거부했습니다.

인간은 어떤 면에서 보면 세상에서 가장 완고하고 불순종하는 창조물입니다. 그리고 나 또한 그 중의 한 사람입니다.

나는 나의 삶에서 하나님의 권능을 볼 수 있었습니다. 그 분의 전능과 축복을 목도할 수 있었습니다. 그러나 나는 여전히 전시간 복음사역자가 되길 원치 않았습니다.

주님께서 그 분의 왕국안으로 나를 부르셨을 때부터 마음속으로 나의 소명을 알고 있었지만, 여전히 다른 말들(other words)을 듣고 있었습니다. 나는 여전히 삶의 많은 것들에게 매달려 있었습니다.

상상해 보십시오. 나는 대학에서 공부하여 제3세계(the third-world)전문가가 되겠다는 계획을 세웠습니다.

그리고 나는 높은 수준의 비즈니스 기회들을 포착하고 있었습니다. 그리고 그때 갑자기 하나님이 내 삶에 들어오셔서 나의 인생 방향을 180도로 변화시켰지만, 나는 여전히 그 분의 계획을 거부하면서, 내 자신의 길을 가고자 했습니다.

그러나 하나님은 우리를 어떻게 다루어야 하는지 알고 계십니다. 그 분은 우리가 우리 자신의 길을 가도록 둡니다. 그러나 그 분의 축복은 함께 하시지 않습니다.

그 때 나는 내가 하고 싶었던 일들을 했는데, 특히 사업에 관여했습니다. 그러나 나는 그 분의 축복하심도 없이 그 일들을 했습니다!

나는 그 분의 계획에서 벗어나길 시도했습니다. 그 분은 나를 가도록 허용하셨지만, 그 분은 이 특별한 자신의 아들이 돌아올 것을 알고 계셨습니다.

사업은 잘못 되어가기 시작했습니다. 나는 강력한 계획들과 훌륭한 규정들을 가지고 있었습니다.

존과 내가 가장 큰 전신전화 회사들 중 한 곳과 비즈니스 미팅을 가지려 하고 있었던 것을 나는 기억합니다.

그들의 사업은 우리에게 엄청난 월 수입을 가져다 줄 수 있었습니다.

우리는 또한 대단히 바쁜 여성으로 우리와 개인적으로 만나기 위해 자신의 시간을 희생한 그 회사의 회장과 만나기로 되어 있었습니다.

그런데 예기치 않던 일이 일어났습니다.

존과 내가 그 회장과 만나기로 한 약속장소로 운전해 가고 있던 중, 우리가 타고 있던 자동차가 망가져 내려앉아 버렸습니다. 이 반갑지 않은 사건 때문에 우리는 이 중요한 약속에 늦어질 수밖에 없었으며, 우리가 결국 도착했을 때, 비서는 우리가 늦어버렸기 때문에 그 회장은 더 이상 우리를 만나기를 원하지 않는다고 말하는 것이었습니다. 비서는 또한 우리가 그 회사와 함께 공유했던 그 사업계획에 대해서는 없었던 걸로 하라고 우리에게 말했습니다.

존과 나는 크게 실망했습니다! 그 길로 우리는 커피숍으로 갔으며, 나는 존에게 말했습니다. "이보게, 나는 이제 두 번 다시 사업에 뛰어드는 걸 원치 않네. 나는 내 학업을 계속하고 싶네. 그것을 마치고 하나님을 위해 조그마한 일을 하고 싶다네"

존도 실망했지만, 내 말에는 그도 찬성했습니다. 그래서 나는 사업 계획과 이른바 나의 밝고 부유한 장래도 포기하기에 이르렀습니다.

하나님께서 나의 삶에서 다루시길 원하셨던 두 번째의 것이 있었는데, 나의 학업이 바로 그것이었습니다. 나는 대학에서 그저 평범한 학생이었습니다. 나는 그다지 뛰어나지도 않았지만, 그 반대도 아니었습니다. 그러나 내가 하나님의 음성에 불순종한 이래, 나의 학업에서도 뭔가 잘못되어 가고 있었습니다. 성적이 떨어져 갔습니다.

내가 열심히 공부하는데도 불구하고, 나의 성적은 겨우 통과할 만큼의 최소기준에도 미치지 못했습니다. 뭔가 잘못되었습니다. 그러나 왜 그런지 나는 알지 못했습니다. 나는 그 이유가 하나님께 불순종하는데 있다는 사실을 깨닫지 못하고 있었습니다.

하나님께 불순종하는 것은 결코 우리가 축복으로 연결되지 못하게 합니다. 그것은 또한 우리의 삶에 혼란과 실망을 가져옵니다. 당신은 지금 하나님께 순종하고 있습니까?

하나님께서 당신에게 무언가를 하라고 요구하셨는데, 당신은 그것을 하지 않았습니까? 당신은 지금 하나님이 하라고 하신 어떤 것을 하고 있습니까? 아니면 자신의 육적인 동기에서 나온 어떤 것을 하고 있습니까?

만일 하나님께서 당신이 하고 있는 일을 하는데서 하나님께서 당신을 축복해 오셨다면 당신은 어려움들과 도전들에도 불구하고 많은 것들을 성공시킬 것이며 성취할 것입니다. 고난과 역경의 기간동안 하나님께서 우리가 하고 있는 일들 뒤에서 그 분이 우리를 돕고 계신지 어떤지를 우리는 알 수 있습니다.

어려움과 도전들은 여전히 일어날 것이지만, 하나님은 우리를 도우시고, 그 어려움과 도전들을 이용하여 우리로 하여금 더 훌륭한 인격의 사람들이 되도록 할 것입니다.

역경과 도전들로부터 결코 도망하려 하지 마십시오.

오히려 그것들과 직면하십시오. 하나님의 축복이 당신이 하는 일 위에 임하실 때, 그 분은 당신을 세우기 위해 그 도전들을 사용하실 것입니다.

그러나, 당신이 하고 있는 일들 뒤에 하나님이 계시지 않으실 때, 조만간 그 도전들과 어려움들은 당신을 소진시킬 것입니다!

하나님께 순종하는 것이 결정적인 열쇠가 됩니다.

순종할 것인가? 불순종할 것인가?

오늘날 모든 사람들은 축복받길 원합니다. 모든 사람들이 행복과 안전을 갈망합니다.

어떤 사람들은 보험에 드는 것으로 자신들의 삶을 안전케 하려 하지만, 여전히 그들은 안전을 느낄 수가 없습니다.

자연적인 재해가 일어나서 수천 명의 생명을 앗아갈 때, 보험은 안전과 보호를 보장해 주지 못하게 됩니다.

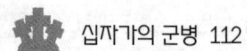

또 어떤 사람들은 많은 돈을 소유하는 것에 그들의 믿음을 두기도 합니다. 여전히 그들 마음 속 깊은 곳에는 행복하지도 만족하지도 못합니다. 그들은 비싼 레스토랑이나 카지노 투기장에서 자기들의 시간을 소비할 수도 있는데, 아마 그들은 안전과 축복을 거기서 찾을 수 있으리라 생각합니다. 그러나 심령 깊은 곳에 그들은 여전히 불안정하며, 그들이 소유한 것을 잃어버리는 것에 대한 두려움 가운데 살고 있습니다.

그들은 끊임없이 더 많은 돈을 벌고, 더 많은 부를 소유하는 방법들을 생각해 내기 위해 자신들의 두뇌를 혹사시키고 있기 때문에, 그들에겐 평강이 없습니다.

진정한 축복

그렇다면, 이러한 안전과 축복의 결여에 대한 해답은 무엇일까요? 제가 여러분들에게 간단한 질문을 한 가지 해보겠습니다.

당신은 삶에서 축복을 누리고 있습니까? 만일 그렇다면, 어떤 식으로 축복을 누립니까?

당신은 당신의 축복을 어떻게 측정합니까? 당신은 그 축복을 어떻게 얻었습니까?

이 환상적인 영적 여행을 여러분과 함께 출발하기 전에, 축복의 근원은 돈이나 물질적인 것들 또는 소유물이 아니라는 사실에 우리는 동의합시다. 축복의 유일한 원천은 하나님의 권능입니다. 이것은 흑마술(black magic)의 능력이 아니며 어떤 부두

(voodoo)교 숭배자들의 능력도 아닙니다.

*츄카(Chukka), *포카(Pokka) 또는 *아브라카 다브라(Abracadabra)의 권능도 역시 아닙니다.

축복을 받는 유일한 방법은 거룩하신 하나님의 권능을 통하여서입니다.

많은 사람들이 매우 친근하고 평범한 질문을 하는데, 만일 하나님이 계시다면 왜 우리 가정에서는 이렇게 많은 문제거리를 만나게 되느냐? 왜 우리는 사람들 사이에서 분쟁거리를 가지고 있느냐? 왜 우리는 우리가 사는 도시와 나라에서 혼란에 직면하게 되는가? 오늘날 우리는 왜 이다지도 많은 자연적인 재앙에 직면하게 되는가? 하는 질문들입니다.

하나님은 선하시며, 그 분은 결코 재난이나 불행을 우리 삶이나, 다른 어떤 사람의 삶에도 가져오길 의도하시지 않습니다. 하나님은 우리가 정죄와 고통의 삶을 사는 걸 원치 않으십니다. 하나님은 선하지 않다고 제발 말하지 마십시오. 아마도 사회제도가 선하지 않으며, 우리 인간이 선하지 못할지라도, 하나님은 선하신 분입니다!

* 츄카(Chukka) · 포카(Pokka) · 아브라카 다브라(Abracadabra)
 - 속이기 위한 마술사들의 일종의 주문 또는 진언의 일종

세상을 보십시오. 오늘날 우리가 살고 있는 세상에서 일어나는 일들 때문에 우리는 하나님을 비난할 것입니까? 사람들이 서로가 서로를 죽이고 파괴시키기 때문에 당신은 그 분을 욕할 것입니까? 만일 당신이 인류의 역사에 관해 책을 읽거나 뒤돌아본다면, 총과 화약을 만들어서 그것을 서로 죽이는데 사용한 자들은 인간들이었다는 사실을 보게될 것입니다. 인간들은 천진난만한 아이들을 학대하고 그들을 강간했으며, 그리고 어린이 포르노 그라피를 제작하는데 그들을 사용했습니다. 이 모든 것이 하나님 때문에 일어난다고 제발 내게 말하지 마십시오!

아닙니다! 이러한 결과들은 불순종하는 사람들과 하나님의 계획과 목적에서 벗어나기로 한 그들의 선택으로부터 오는 것들입니다.

하나님은 죽이는 것을 선택하시지 않으셨습니다. 사람이 죽이는 걸 선택했습니다! 하나님은 우리에게 사랑을 주셨지만, 우리는 증오를 선택했습니다.

하나님은 우리에게 축복을 주셨으나, 세상은 이 축복대신 저주를 택했습니다.

"네가 네 하나님 여호와의 말씀을 삼가 듣고 내가 오늘날 네게 명하는 그 모든 명령을 지켜 행하면 네 하나님 여호와께서 너를 세계 모든 족속 위에 뛰어나게 하실 것이라"(신명기 2:18) 이 말씀은 하나님께서 유대인들(이스라엘 백성들)에게 약속하신 것인데, 그들이 애굽에서 벗어나 약속의 땅으로 가는 도중에 받은 말씀입니다.

이 말씀은 오늘날 우리에게 하시는 말씀이기도 합니다.

이 말씀은 우리가 하나님의 음성과 그 분의 계명에 순종할 것을 요구합니다.

우리는 새 언약안에 지금 거하고 있기 때문에, 하나님의 음성은 예수님 자신이시며 또 그 분의 성령님이십니다.

예수님의 음성 말고, 하나님의 다른 음성은 없습니다. 돈을 위해서 당신으로 하여금 다른 능력을 접촉하도록 당신께 요구하는 사람들을 결코 믿어서는 안됩니다. 그 능력은 비록 초자연적일지라도, 그것은 어둠에 속한 능력입니다.

그들은 당신이 그들에게 해달라고 요구하는 것을 행하게 되면 나중에 그것은 당신을 저주로 몰아갈 것입니다. 그러나 예수 그리스도를 믿는 것만으로는 충분치 않습니다.

당신은 예수 그리스도께서 사셨던 것처럼 살아야 합니다. 하나님께서는 신명기 28장 2절 말씀을 통하여 우리에게 축복을 주시겠다는 약속을 확증하셨습니다.

"네가 네 하나님 여호와의 말씀을 순종하면 이 모든 복이 네게 임하여 미치리니"

그러면 우리가 그 분께 순종한다면 하나님께 우리에게 주시기로 약속하신 이러한 축복들은 무엇일까요? 제가 그것을 설명드리겠습니다.

하나님은 언제나 자신을 분명히 하시며, 그 분의 말씀은 완전합니다.

그분에게는 비밀 번호(secret codes)나 은밀하고 비밀스런 말씀이 없으시며, 정직하고 분명합니다. 신명기 28장은 그 분의 음성과 예수 그리스도께 순종하는 사람들과, 그 분의 계명을 지키는 사람들에게 하나님께서 약속하신 축복에 대한 장(章)입니다.

여러분이 그분께 순종하면 다음에 기록한 일들이 일어날 것입니다.

1. 당신은 도시에서 그리고 나라에서 축복받게 될 것입니다.

"성읍에서도 복을 받고 들에서도 복을 받을 것이며"(신명기 28:3)

오늘날 우리가 살고 있는 도시는 큰 저주 아래 있으며, 범죄는 증가하고 있습니다. 그 외에도, 도둑들, 강도들, 사고들, 마약중독과 다른 범죄들이 우리가 사는 도시를 잠식하고 있습니다. 그러나 당신은 이러한 사태 때문에 하나님을 비난할 수 없습니다.

예를 들어, 많은 나라에서 행해지는 카니발은 사람들로 하여금 성적인 부도덕과 마약과 알콜의 남용을 연상시킵니다.

어떤 사람들은 한 도시에서 다른 도시로 피해가려고 시도하거나, 한 나라에서 다른 나라로 피신해 가려고 시도합니다. 또 어떤 사람들은 더 나은 삶을 살게될 것이라는 희망으로 유럽으로 옵니다.

그러나 가끔은 그들의 생활이 전보다 더 악화되기조차 합니다. 그러나 당신이 가는 도시와 나라에서 복을 받게될 거라고 성경이 말하고 있으므로 걱정하지 마십시오. 당신이 암스테르담에 있던, 케이프 타운에 있던, 뉴욕 또는 다른 어느 곳에 있든지, 당신이 하나님의 음성을 듣고 순종한다면, 하나님의 축복은 당신에게 임할 것입니다. 아마 당신은 당신이 지금 현재 살고 있는 도시에서도 축복을 필요로 할 것입니다.

또는 어쩌면 당신은 이제 막 이 나라에 왔습니다.

하나님은 그 분의 아들 예수를 통해서 당신을 부르고 계십니다. 축복받을 기회를 놓치지 마십시오.

2. 당신은 당신의 가정 생활에서 축복받게 될 것입니다.

"네 몸의 소생과 네 토지의 소산과 네 짐승의 새끼와 우양의 새끼가 복을 받을 것이라"(신명기 28:4)

오늘날과 지금 세대에, 그들은 자녀들의 불순종 때문에 아버지와 어머니들은 슬픔으로 가득차 있습니다.

그들의 자녀들 중 얼마는 알콜과 마약에 빠져있으며, 그들의 자녀들 중 많게는 방황하며 혼동되어 있습니다. 그러나 그 청년들이 불순종하는 것은 그들의 부모들 중 대부분이 하나님께 불순종하기 때문입니다.

성경은 우리의 가정에 관해 한 가지 약속을 주셨습니다. 그리고 그 분은 그 약속에 충실합니다. 그러나, 아버지들과 어머니들이 하나님께 순종할 수 없다면, 그들의 자녀가 자신들에게 순종하기를 어떻게 기대할 수 있겠습니까?

결혼한 커플이 그들의 자녀들 때문에 고통받는 동안, 다른 사람들은 자녀들에게 참을 수 없기 때문에 괴로움에 처해 있습니다. 그들은 많은 의사들에게 가보았으며, 수천 달러의 돈을 자녀들로 인해 써왔지만, 도움이 되는 것은 아무것도 없습니다. 성경은 네 몸의 소생(자녀)이 복을 받을 것이라고 분명히 말씀하고 있습니다. 예수 그리스도는 병든 자를 치유하셨고, 죽은 자를 무덤에서 일어나게 하셨습니다.

하나님의 손길로 기적적으로 치유받은 잉태치 못했던 여인에 대해 성경은 언급하고 있습니다. 그녀는 출산하였습니다. 당신이 만일 자녀를 잉태하지 못하고 있다면 희망을 버리지 마십시오. 하나님의 계명에 계속하여 순종하십시오.

살아 계신 주 예수 그리스도를 믿으며, 그 분의 계명을 지키는 자들에게는 모든 것이 가능합니다.

3. 그 분은 당신을 번성케 하실 것입니다.

"네 광주리와 떡반죽 그릇이 복을 받을 것이며"(신명기 28:5)

많은 사람들이 자신들의 소득을 받게될 때 그들의 돈이 어디에 쓰여져야 하는지 알지 못합니다.

어떤 사람들은 미리 사용한 것들에 대한 청구서를 지불해야 함으로 그들은 여전히 돈이 충분하지 못합니다.

또 다른 사람들은 부채를 갚는데 크게 압박 당하고 있습니다. 사실 어떤 나라들은, 국민의 80퍼센트가 빈곤선상에서 허덕이고 있습니다.

그러나 우리의 하늘 아버지는 우리에게 약속해 주셨습니다. 우리가 그 분의 계명을 지키면 우리의 광주리가 복을 받아 채워질 것이라는 약속입니다. 하나님께서는 우리가 빈곤으로 고통 받는 것을 결코 원하시지 않습니다.

그 분께서 이 세상을 만드셨으며 그 안에 있는 모든 것을 우리에게 주셨습니다. 그 분은 좋으신 하나님입니다. 그 분이 우리에게 원하시는 단 한 가지는 우리의 순종입니다.

하나님과 그 분의 아들 예수 그리스도께 순종하며 예배드리기 시작하자마자 풍성한 축복을 경험하기 시작한 사람들을 알고 있습니다.

나는 삶에서 많은 문제를 가지고 있었던 한 사람을 만났던 적이 있습니다. 그의 아버지와 어머니는 이혼했으며, 그는 공부를 잘 할 수 없었고 결국 학교에서도 쫓겨났습니다. 그는 또한 유럽에서 범죄하여 범법자가 되었을 때 집에서 나와 도망하려고 생각했습니다. 그의 친구가 그를 내게 데리고 왔습니다. 그리고 나는 그에게 복음을 전하기 시작했고 우리를 위한 하나님 사랑의 선하심을 또한 가르쳤습니다.

그는 자신의 삶을 예수 그리스도께 드렸으며, 성령님의 권능으로 만져주심을 받았습니다. 그는 스스로 자신이 새 사람이 된 것처럼 느껴졌습니다. 그가 가지고 있던 유일한 재능은 축구였습니다.

일주일 후, 그는 우리에게 작별인사를 하기 위해 교회로 왔는데, 독일에서 가장 유명한 축구팀 가운데 하나가 놀라운 조건을 그에게 제시해 왔기 때문이었습니다. 하나님께서는 그를 엄청나게 축복해 주셨습니다.

4. 주님께서는 당신이 들어올 때도 나갈 때도 축복하실 것입니다.(신명기 28:6)

많은 사람들이 집 밖에서 자신들의 삶을 즐깁니다. 그들은 그들의 훌륭한 직업과 직장의 동료들과 즐기지만, 그들의 가정은 마치 지옥과도 같습니다. 그들의 아내와 자녀들에게 많은 문제거리가 있습니다.

또 어떤 사람들은 그 반대인데, 가정에서 매우 축복을 받았지만, 그들의 일터에서는 매우 비극적입니다.

이러한 개개인들은 그들의 직장 동료 또는 상사들 사이에 문제가 있을 것이고 그러므로 직장에서의 업무는 지옥처럼 보이게 됩니다. 성경은 분명히 말씀하고 있습니다. 당신이 누구이든지 간에, 당신이 하는 일이 무엇이든지 간에, 하나님은 당신을 축복하시겠다고 약속하셨다는 사실 말입니다. 그러나 당신은 그분께 순종해야만 합니다.

5. 당신의 대적들은 패할 것입니다.(신명기 28:7)

우리가 그 분께 순종한다면 우리의 대적들은 패배할 것이라고 성경은 우리에게 약속했습니다.

우리는 대적들로 가득찬 이 세상에 살고 있으며, 우리의 대적은 우리가 날마다 접촉하는 사람들이라고 우리는 생각합니다. 그러나 그런 생각은 큰 실수입니다. 왜냐하면, 우리는 우리의 원수를 사랑하고 그들을 축복하라고 성경은 말씀하기 때문입니다. 예수 그리스도께서는 죄를 미워하셨지만, 죄인들은 사랑하셨습니다.

지금 제가 말씀드리는 대적들은 흑암 권세들과 여러분을 축복으로부터 멀어지게 하는 눈에 보이지 않는 악의 군대입니다. 여러분들의 삶에 저주를 가져오는 권세들(powers)이 있는데, 이것은 우리 모두에게 좋지 못한 소식입니다. 그러나 그리스도의 복음이라는 좋은 소식은 어떤 사람이 예수께로 와서 그분께 순종하면, 모든 저주는 깨뜨려질 것임을 선포하고 있습니다.

예수 그리스도의 죽으심과 부활에 의해서 영적인 원수는 패배했습니다. 그리스도는 악령들을 지배하는 권세를 소유하고 있습니다. 왜냐하면 예수님이 당신안에 거하시기 때문이며, 또한 당신은 예수님이 가지신 동일한 권능을 소유하고 있기 때문입니다.

암이 당신의 대적 원수입니까? 그렇다면 걱정하지 마십시오. 왜냐하면 그것은 치유받을 수 있기 때문입니다.

결핵이 당신의 대적입니까? 그것 역시 치유될 수 있습니다. 당신의 가정에 문제가 있습니까? 그 문제 역시 해결될 수 있습니다.

6. 당신의 손으로 하는 모든 일이 축복받게 될 것입니다.

"여호와께서 명하사 네 창고와 네 손으로 하는 모든 일에 복을 내리시고..."(신명기 28:8)

성경은 우리가 손을 대는 모든 일이 축복받게 되는 권능에 대

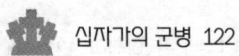

해 말씀하고 있습니다. 자 '모든 것'이라는 말에 주목해 보십시오.

'모든 것'이란 그것들이 주님의 뜻안에 있다면, 당신이 세우는 모든 기획, 모든 계획, 모든 결정은 충족될 것이며 축복받게 될 것임을 의미하는 것입니다.

내가 아직 어렸을 때, 나는 갖다 대기만 하면 무엇이든지 금으로 변하게 하는 요술 막대기를 갖게 되길 원했습니다. 안타깝게도 그것은 불가능했습니다. 그러나 어렸을 때 원했던 요술막대기보다 훨씬 더 위대하며 훨씬 더 뛰어난 권능을 발견했습니다. 그것은 바로 그리스도의 권능입니다. 당신은 어쩌면 사업을 시작할 수도 있을 것이며, 직장을 찾거나 결혼 계획을 세우고 있을 수도 있습니다. 이러한 모든 노력들 가운데 성공에 이르는 유일한 길은 그 분의 성령님을 통하여 하나님의 음성에 순종하는 것입니다.

7. 주님께서 당신을 머리되게 하시며, 꼬리가 되게 하시지 않으실 것입니다. (신명기 28:13)

하나님은 우리를 창조하셨으며, 우리가 마치 왕과 같은 삶을 살도록 의도하셨습니다. 그 분은 결코 우리가 억압과 흑암의 지배아래 살도록 창조하시지 않았습니다. 그러나 많은 사람들은 여전히 열등감의 어두운 그늘 아래 살고 있습니다.

그들은 외모, 피부색, 언어 또는 삶의 지위 때문에 스스로가 열등하다고 생각합니다.

그러나 복음의 기쁜 소식은 당신은 독특하며 특별한 존재라는 사실입니다.

예수 그리스도는 여러분의 능력을 믿습니다. 그 분은 당신이 자기를 위해 가장 귀한 사람임을 알고 있습니다. 당신은 정신병원이나 병원에서 마지막을 맞을 필요가 없습니다. 당신은 특별하며 아름답습니다.

당신은 능력이 있으며 가치있는 존재입니다. 당신은 머리이지 꼬리가 아닙니다. 하나님을 믿으십시오. 그리고 자신을 신뢰하십시오. 하나님은 당신에게 선택하도록 두 가지 길을 주셨는데, 축복으로 가는 길과 저주로 가는 길입니다. 당신은 어느 길을 선택하시겠습니까? 세상에는 두 그룹의 사람들이 있는데, 축복받은 사람들과 저주받은 사람들입니다. 당신은 어느 그룹에 속하길 원하십니까?

악한 선택(The sinful choice)

하나님이 아담과 하와를 창조하셨을 때, 그 분은 그들에게 동산 중앙에 있는 나무의 실과만 제외하고 어떤 나무의 실과이든지 바로 따먹을 수 있게 해주셨습니다.

하나님께서는 순종하여 금지된 나무의 열매를 따먹지 않든지, 불순종하여 금지된 나무의 열매를 따먹든지를 선택할 수 있는 기회를 아담과 하와에게 주셨습니다.

하나님께서는 인간이 하나님을 순종할 것인지, 불순종할 것인지에 대해 스스로 선택할 수 있는 자유 의지를 인간에게 주셨습니다.

하나님께서는 동산 중앙에 있는 나무의 실과는 먹지 말라는 명령을 그들에게 주시는 것으로써, 하나님께서는 사람에게 선택권을 주셨습니다.

하나님께서 아담에게 그 나무의 실과를 먹게 되면 나타날 결과가 무엇인가에 대해서도 말씀하셨습니다.

"여자가 뱀에게 말하되 동산 나무의 실과는 우리가 먹을 수 있으나 동산 중앙에 있는 실과는 하나님의 말씀에 너희는 먹지도 말고 만지지도 말라 너희가 죽을까 하노라" (창세기 3:2~3)

하나님이 우리에게 선택할 기회를 주시기 때문에 오늘날 우리가 살고 있는 세상에서도 동일한 상황이 발생합니다.

사랑을 택할까요, 증오를 택할까요?

전쟁을 택할까요, 평화를 택할까요?

이 세상에서 무시무시한 일들이 일어날 때, 대부분은 사람들이 잘못된 선택을 하기 때문입니다.

가령, 예를 들어 하나님의 사람들이 서로 미워하도록 창조하신 것이 아니고, 오히려 그 반대로 사랑을 위해 사람들을 창조하셨습니다.

하나님께서는 결코 우리에게 비참한 삶을 주시기 위해 이 세상을 창조하신 것이 아닙니다.

모든 비참함과 불행의 근원은 우리가 잘못된 선택을 할 때입니다.

하나님께서는 우리가 하나님께 순종하고 하나님의 아들이신 예수 그리스도를 따라 살거나, 그 분을 거절하고 자기가 자신을 다스리고 관리하며 살거나 우리가 선택할 수 있는 상황에 다시 처하게 하십니다. 예수님께서는 요한복음 6장 45~47절에서 이렇게 말씀하십니다.

"저희가 다 하나님의 가르치심을 받으리라 기록되었은즉 아버지께 듣고 배운 사람마다 내게로 오느니라. 이는 아버지를 본 자가 있다는 것이 아니라 오직 하나님께서 온 자만이 아버지를 보았느니라"(요한복음 6:45~47)

우리를 위한 하나님의 뜻은 영생을 소유하는 것입니다. 그리고 그것은 그 분의 아들 예수 그리스도를 통해서만 옵니다. 뿐만 아니라, 하나님의 뜻은 그 분의 뜻과 예수 그리스도의 가르치심을 따라 거룩한 삶을 사는 것입니다. 로마서 12장 1~2절을 보십시오.

"그러므로 형제들아. 내가 하나님의 모든 자비하심으로 너희를 권하노니 너희 몸을 하나님이 기뻐하시는 거룩한 산제사로 드리라. 이는 너희 드릴 영적 예배니라. 너희는 이 세대를 본받지 말고 오직 마음을 새롭게 함으로 변화를 받아 하나님의 선하시고 기뻐하시고 온전하신 뜻이 무엇인지 분별하도록 하라" (로마서 12:1~2)

자, 그 차이점을 보십시오. 창세기 3장 3절에서 하나님이 아담에게 그 특정나무의 열매를 먹지말 것을 말씀하셨습니다. 그리고 로마서 12장 1~3절에서 하나님은 오늘날 우리에게 "이 세상 모양(pattern)을 따르지 말라"고 말씀하십니다. 이 두 가지 교훈은 동일합니다.

이 세상의 모양은 부정직, 증오, 거짓말, 방탕, 술취함, 마약, 헛소리, 싸움, 성적인 부도덕입니다. 그것들과 함께 어떤 것도 하지 마십시오. 그리고 그것들을 손에 만지기조차 하지 마십시오. 왜냐하면 창세기 3장 3절에서 하나님은 그 나무를 만지지도 말라고 말씀하셨습니다.

만지지 말라.

하나님은 우리가 세상의 모양을 만지거나 가까이 접근하는 것을 원하지 않습니다. 만지는 것은 유혹의 시작임을 결코 잊지 마십시오. 그리고 유혹은 죄의 시작입니다.

죄는 타락과 사망의 시작입니다.

만일 당신이 아담과 하와처럼 타락하길 원치 않는다면, 그리고 당신의 삶에서 범죄하길 원치 않는다면 그때 당신을 죄짓게 하고 타락시키는 것들을 당신의 삶에서 만지고, 만나고, 소유하는 것을 멈추십시오. 한 가지 예를 보여드리겠습니다.

우리는 술 취하는 것을 피해야 한다고 하나님은 말씀하셨습니다. 하나님은 술 취하는 것을 미워하십니다. 만일 술을 너무 많이 마시는 친구들이 당신 주변에 있다면, 그때 당신은 실제적으로 그와 접촉하게 됩니다. 조만간 그들은 당신을 죄짓게 하고 술 취하게 할 것은 뻔합니다.

하나님께서는 여러분들 가운데서 성적인 부도덕을 피하라고 말씀하셨습니다.

오늘날 하나님의 뜻에 따르지 않는 많은 일들이 일어나고 있는데, 남자가 남자와 함께 잡니다. 여자가 여자와 함께 눕습니다. 성인 남자가 아이들을 학대하며, 어머니는 딸들을 성적으로 학대합니다.

왜 이런 일이 일어나는지 알고 있습니까? 이유들 가운데 한 가지는 텔레비전입니다. 텔레비전 프로그램은 쓸모없고 지저분한 것들로 가득차 있습니다.

사람들이 이런 지저분한 것들을 볼 때, 그들은 더욱 광적으로 됩니다. 그리고 그 지저분한 것들이 그들의 자녀에게 침투하게 됩니다.

그리스도인으로서 당신이 집에서 텔레비전을 통해 만일 너무 선정적이고 폭력적인 내용들을 본다면, 그때 당신은 이런 것들을 접촉하게 됩니다. 이런 성향의 것들이 당신을 유혹합니다. 유혹을 가져다 주는 것을 피하기 위해 당신의 텔레비전에서 건전한 채널외에 불건전한 모든 채널을 봉쇄하십시오. 그것에 가까이 가지 마십시오.

유혹

만지는 것은 유혹의 시작입니다. 창세기 3장 4~5절에서 "여자가 나무를 본즉 먹음직도 하고 보암직도 하고 지혜롭게 할만큼 탐스럽기도"했다는 말씀을 읽게 됩니다.

그 여자는 맨 처음에 보았는데, 그리고 이 말이 의미하는 바는 그 여자는 그 나무에 가까이 있었다는 것입니다. 상징적으로 이것은 만질수 있었다는 의미입니다.

만진 후, 그 여자가 그 나무의 좋아보이는 많은 것을 보았지만, 그것은 유혹이었습니다. 하와에게 그랬듯이 악령은 세 가지 방법으로 우리를 유혹합니다.

1. 먹음직하고
2. 보암직도 하고
3. 지혜롭게 할 만큼 탐스럽다

'먹음직하다'는 것은 인간에게 걸어오는 가장 큰 유혹들 중 한 가지입니다. 먹는 것 때문에 사람들은 서로 죽이고 파괴합니다. 먹는 것 때문에 그들은 죄를 짓고 서로 미워합니다. 우리 삶에서 우리는 먹는 것을 먹는 것 자체 뿐만 아니라 돈, 소유 그리고 부에도 적용해 볼 수 있습니다.

이런 것들이 당신을 유혹하여 당신이 영적인 소경이 되어 하나님의 뜻을 볼 수 없도록 허용하지 마십시오.

마태복음 4장 1~11절에서 악마는 '먹는 것'으로 예수님을 유혹했습니다. 그는 예수님께 와서 돌을 명하여 떡이 되도록 하라고 예수님께 말했습니다. 그래서 예수님께서 먹을 수 있게 되어 타락시키기 위해서였습니다.

그러나 예수님은 그 유혹자를 거절하여 말했습니다.

"기록되었으되 사람은 떡으로만 살 것이 아니요, 하나님의 입에서 나오는 모든 말씀으로 살 것이라"

눈을 즐겁게 하는 것은 하와가 받았던 두 번째 유혹이었습니다. 그 열매(선악과)가 매우 눈을 즐겁게 하는 것이었습니다.

우리의 일상생활에서 눈을 즐겁게 하는 것들이 있습니다. 그러나 그것들은 위험하며 우리를 타락시킬 수 있습니다. 불의한 성관계는 우리의 눈을 즐겁게하는 것 같지만 그것은 위험합니다. 돈은 우리 눈을 즐겁게 하는 것처럼 보이지만 그러나 위험합니다. 눈에는 좋아 보이지만, 당신의 인생을 파괴할 수 있습니다.

커다란 포스터의 아름다운 담배 광고와 눈을 사로잡는 아름다운 담배갑은 눈을 즐겁게 하는 것입니다. 당신이 비록 담배를 피우지 않는다 할지라도, 그것을 사거나 피워보고 싶은 유혹을 받을 수도 있습니다. 그리고 당신이 한번 담배를 피우기 시작하면, 끊기는 매우 어렵습니다. 그렇습니다. 인간의 가장 연약함 중의 하나가 눈을 즐겁게 하는 것임을 악마는 알고 있습니다. 상품들을 위한 텔레비전 광고가 왜 그렇게도 많을까요? 그러나 그 광고들은 매우 좋아 보이지만, 실제로는 우리에게 매우 위험합니다.

"근신을 지키며 네 입술로 지식을 지키도록 하라. 대저 음녀의 입술은 꿀을 떨어뜨리며 그 입은 기름보다 미끄러우나 나중은

쑥같이 쓰고 두 날 가진 칼같이 날카로우며 그 발은 사지로 내려가며, 그 걸음은 음부로 나아가나니"(잠언 5:2~5)

지혜롭고자 하는 갈망은 인간이 직면하는 또 하나의 커다란 유혹입니다. 인간은 언제나 더 많은 것을 알려고, 갈망해 왔습니다. 여기에는 아무런 잘못도 없습니다. 그러나 우리의 지식을 하나님의 지혜 위에 두려고 시도한다면 그때 우리는 파멸을 향해 가는 것입니다. 하나님은 우리에게 그 분을 영화롭게 하는 지식을 주셨지, 그 분을 부인하는 지식을 주신 것이 아닙니다. 엄청난 기술과 과학 그리고 인간의 지혜 때문에, 우리는 하나님의 존재를 부정하기조차 합니다. 그 엄청난 기술과 과학 때문에 사람들은 하나님이 없다고 말하며 또 사람이 하나님이라고 말합니다. 이러한 이유로 하나님께서는 하나님은 없다고 주장하는 이 세상의 지혜롭고 어지러운(confuse) 철학자들의 지혜를 폐하실 것입니다.(고린도전서 1:1~26을 읽어 보십시오)

죄와 타락

유혹 후에, 창세기 3장 3절에서 우리는 그 여자는 과일을 땄으며 그것을 먹었음을 읽게 됩니다. 그녀는 범죄했고 아담을 꼬드겼으며, 결국 아담도 그 과일을 먹도록 했습니다. 그렇습니다. 하와는 그 나무에 접근하여 오는 것을 멈추었더라면(만짐) 처음부터 죄짓는 것을 피할 수 있었을 것입니다. 그녀는 유혹받은 동안에도 역시 멈출 수 있었습니다. 그러나 그렇게 하지 않았습니다. 그녀는 그 세 가지의 유혹 때문에, 분별력을 잃어버린 영적 소경이 되었습니다. 그리고 그녀는 죄를 범했습니다.

우리는 거룩한 삶을 살아야 합니다. 어떠한 불경건한 접촉과 유혹도 자신의 강한 의지와 성령님의 도우심으로 피해야 합니다.

당신으로 하여금 유혹받게 하는 어떤 것이 당신 주변에 있다면, 당신이 거기에 빠져 타락하기 전에 그것을 멀리 치워버리십시오.

우리는 창세기 3장에서 하나님은 아담과 하와에게 노하시고 그들을 심판하셨다는 내용을 읽습니다.

창세기 3장 8~12절에서 하나님은 아담에게 세 가지 중요한 질문을 하셨음을 보게 됩니다.

1. 네가 어디에 있느냐? (9절)
2. 네가 벗었음을 누가 너에게 말하였느냐?
3. 네가 먹었느냐? 네가 무엇을 하였느냐?

하나님은 예수 그리스도를 믿지 않는 모든 죄인들에게 이 세 가지 질문을 하시려고 합니다.

믿는 자들은 용서함을 받았습니다. 그러나 믿지 않는 자들을 위해 하나님께서는 그들에게 이 질문을 하시고 그들의 답을 들으시려 합니다.

하나님께서 물으십니다. "당신은 어디에 있습니까?"

당신은 예수 그리스도안에 있습니까? 아니면 세상안에 있습니까? 당신 스스로에게 이 질문을 해 보았습니까?

　더 나아가서, 하나님은 그들에게 물으십니다. "누가 너에게 범죄하라고 말하였느냐?" 또는 "왜 너는 다른 사람들 말을 들었느냐?" 유혹은 항상 어떤 사람이나 어떤 것으로부터 옵니다. 하와에게는 유혹이 뱀으로부터 왔습니다. 아담에게는 그것이 하와로부터 왔습니다.

　아마도 당신에게는 그러한 유혹이 당신의 친구나 텔레비전 또는 다른 것들을 통하여 올 수 있습니다. 그것들을 피하십시오.

　마지막으로 하나님은 죄인들에게 물으실 것입니다. "네가 범죄했느냐?" 또 "네가 무엇을 하였느냐?" 이것은 우리의 행동에 대해 우리가 책임을 져야함을 의미합니다.

　언젠가 이 땅에 사는 모든 사람들은 그들을 창조하신 분이신 주님 앞에서 회개해야 합니다.

나는 결심했습니다.

　내 삶의 모든 것이 즉시 잘못되어 갔습니다. 내 사업은 기울어져 갔으며, 나의 처져가는 학업은 긴장과 슬픔을 가져왔습니다.

　이러한 질문들이 내 마음속에 떠올랐습니다.

"주님, 하필이면 왜 나를 이렇게 하십니까?"

"수 백만의 사람들이 있는데, 왜 당신은 나를 택하십니까? 주님!"

　1995년 4월 어느 날, 나는 CNN방송을 보면서 집에 혼자 있었습니다. 텔레비전 스크린에는 어떤 재난사고를 내보내고 있었습니다.

주님께서 들리지 않는 음성으로 내 마음속에 말씀하셨는데, 그것은 속삭이는 듯한 음성이었습니다. 그 분은 나에게 물으셨습니다.

"네가 만일 이 세상의 모든 자격증들과 명예를 가지고 있다면, 그것들이 너를 구원과 영원한 생명으로 들어가게 해 주겠느냐?"

나는 대답했습니다. "아닙니다."

그때 그 분은 내게 물으셨습니다. "네가 이 세상의 모든 돈을 가지고 있다면 그것과 함께 천국에 들어갈 수 있겠느냐?"

나는 다시 "아닙니다"하고 대답했습니다.

구원받기 위해 나를 필요로 하는 수 백명의 사람들이 있기 때문에 그분께 순종하는 것이 더 낫다고 그분께서 내게 말씀하셨습니다.

나는 무릎을 꿇고 말씀드렸습니다. "주님, 죄송합니다. 나는 주님과 싸우는 것을 포기합니다. 오늘이야말로 출발입니다. 당신의 계획을 선택하겠습니다. 나는 당신께 순종하여 전임 사역자(full time minister)가 되겠습니다!"

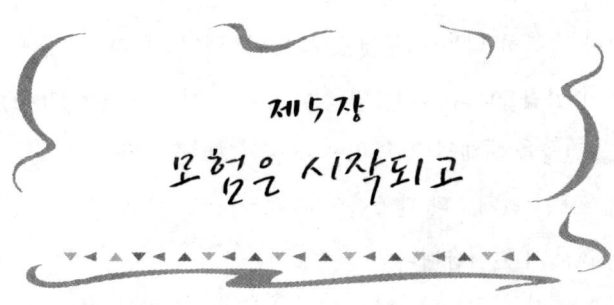

제5장
모험은 시작되고

내가 무릎을 꿇고 나의 불순종에 대해 회개했던 4월 어느 날, 하나님의 성령께서 내게 강하게 임하셔서 말씀하셨습니다. "일어나라. 이 도시의 어느 장소로 가거라, 거기는 한 빌딩이 있는데, 네가 그것을 취하게 될 것이다. 그리고 다음 주일 너는 거기서 너의 첫 사무실 봉헌 예배를 드리게 될 것이다."

내가 살고 있던 그 지역에서는 예배드리기 위한 작은 장소조차 찾기가 어렵다는 사실을 나중에 알았습니다.

그래서 나는 대답했습니다. "하지만 주님, 여기서 빌딩 하나를 찾는다는건 어려운 일인데요!" 주님께서 내게 말씀하셨습니다. "그것은 나의 문제이지, 아직은 너의 문제가 아니란다. 네가 해야 할 일이란 내가 네게 지시한 것을 순종하는 것이야" 나는 동의했습니다.

그리고 집을 나와 하나님께서 내게 말씀하신 거리로 갔습니다. 주님께서는 내가 그곳에 도착할 때 그것이 어느 빌딩인지 내게 가르쳐 주시겠다고 말씀하셨습니다.

그러나 솔직히 나는 아무것도 찾을 수 없었습니다. 그곳에는 많은 빌딩들이 있었습니다. 나는 빌딩들 중에서 한 곳에 들어가서 책임자에게 그 건물을 임대해줄 수 있는지 물어보았습니다.

그리스도인 단체보다 댄스홀이나 파티장으로 대여해 주는걸 더 희망한다고 내게 말했습니다.

다음에는 한 개혁교회(reformed church)에 가서, 그들이 그 장소를 내게 임대해 주길 원하냐고 그들에게 물어보았습니다. 그들이 내게 물었습니다. "당신은 어떤 종류의 교회입니까?" 나는 그들에게 "우리는 거듭난 교회(born again church)인데요"라는 말로 대답해 주었습니다.

그 사람은 내 말을 이해하지 못했으며, 내 제안을 거절했습니다.

실망이 되어 나는 집으로 돌아오기로 했습니다.

내가 바보짓을 하고 있는 건 아닐까 하고 생각했습니다. 내가 왜 집을 나온거지? 내게 가서 건물을 찾아보라고 한 것은 아마 하나님이 아닐거야. 그러나 주변을 걷고 있는 동안, 나는 문이 닫혀 있고 내부가 어두운 이 건물을 지나쳐 통과했습니다. 주님의 음성이 말씀했습니다.

"이것이 바로 그 건물이다" 나는 대답했습니다.

"그러나 주님, 이 건물은 너무 낡았고 닫혀 있는데요"

주님께서 다시 말씀하셨습니다. "안으로 들어가라. 그 안에 사람이 있다"

나는 안으로 들어갔는데, 정말 그 안엔 한 노인이 있었습니다. 내가 그에게 말했습니다.

"나는 교회에서 왔는데요. 당신으로부터 이 건물을 임대할 수 있을까요?" 그는 말했습니다.

"그러믄요. 나는 2층에 두 개의 강의실이 있습니다. 일요일에 우리는 사용하지 않으므로 당신이 그 강의실을 사용할 수 있어요."

내가 그 강의실을 쓰기 시작할 수 있는 때는 언제부터냐고 그에게 물었더니, 그는 이번 일요일부터라고 내게 말했습니다.

그 다음날은 금요일이었는데, 나는 그에게 다시 가서 계약서에 서명했습니다.

우리는 그 주일 다섯명의 사람들과 함께 우리의 첫 예배를 드렸습니다.

하나님께서 그렇게 하라고 내게 말씀하셨으므로 나는 영어로 설교했습니다. 그분께서는 나를 국제적으로 사용하시길 원하셨기 때문에 나는 영어로 설교해야 하며, 내가 섬기는 교회는 국제적인 교회가 되어야 한다고 또한 말씀하셨습니다.

우리는 모두 여덟명이었는데, 아내와 나, 장모님, 존과 그의 아내, 죠셉, 그리고 한국인 형제 한 명과 그의 아내가 전부였습니다.

내 친구가 말했습니다. "우리는 여기 여덟명 뿐이야. 그런데 자넨 마치 오천 명에게 설교하는 것처럼 소리치고 있어! 제발 소리를 낮춰 줘!" 우리의 첫 번째 예배는 재미있었습니다.

박해

내가 설교자가 되었다는 소식을 나의 아버지와 어머니가 들었을 때, 아버지와 어머니는 충격을 받았습니다.

부모님은 나를 핍박하기 시작했습니다. 아버지는 나에 대한 재산 상속권을 박탈해 버리겠다고 협박했습니다.

어머니는 한동안 저와 말도 하지 않으셨습니다. 내가 부모님을 방문할 때마다, 어머니는 저와 싸우려고 했습니다. 나는 힘든 시절을 통과해 갔으며, 때로는 악몽을 꾸기도 했습니다.

그러나 이미 내 마음은 확고했으므로, 아무도 나의 길을 멈추게 할 수는 없었습니다.

나의 친구 중 한 명이 우리 집에 와서 말했습니다.

"네 꼴 좋다. 소위 하나님의 사람이라고 하면서 괜찮은 텔레비전 하나 살 돈도 충분히 가지고 있지 못하다니..." 그는 거만함으로 가득 차 있었습니다.

성경은 "거만함(pride)은 타락에 앞서 온다"는 것을 말씀하고 있습니다.

두 주간 후, 나를 비웃었던 그 사람이 파산했습니다. 우리는 이 세상의 모든 돈을 가질 수도 있겠지만, 여전히 비참한 삶을 살아갑니다.

우리는 이 세상의 관점에서 뭔가 된 것처럼, 거만함에 사로잡힐 수 있지만, 그러나 깊은 속에는 여전히 고통이 있습니다.

우리를 행복하게 하고 우리를 성공하게 하는 것은 세상의 부가 아닙니다.

그렇습니다. 세상의 부가 아닙니다. 오직 예수 그리스도만이 우리에게 삶의 평강과 기쁨, 그리고 안전을 주실 수 있습니다.

이 세상의 것들은 세상에 속해 있습니다. 세상에 속해 있는 그 어떤 것도 우리를 구원해 줄 수 없습니다.

물론, 나는 축복과 부를 거절해야 함을 의미하는 것은 전혀 아닙니다. 그러나 우리는 모든 상황에서 예수 그리스도를 위해 선택해야 합니다.

가난하든, 병들어 아프든, 부유하든, 건강하든, 그리고 권력이 있든지, 없든지 간에 우리는 우리 주님이신 그리스도를 의지해야 합니다.

우리의 삶에서 하나님의 계획을 따르기로 한번 선택하면, 핍박은 언제나 우리를 따라옵니다. 사람들은 내 뒤에서 나를 조롱하고 웃음거리로 만들었습니다. 나는 몇 몇 친구들을 잃어버렸는데, 단지 내가 예수님을 선택하고, 그 분의 사역에 뛰어들었기 때문이었습니다.

한 번은 사람들이 내 뒤에서 이런 식으로 말하면서 험담하는 것을 들었습니다. "샘(사무엘의 애칭)이 미쳤나봐. 자기가 선지자이며, 예수라고 말하고 있어."

사람들은 내 뒤에서 수근거렸지만, 나는 신경쓰지 않았습니다. 왜냐하면 복음 전파라는 분명한 삶의 목표가 나에게 있었기 때문입니다.

그리스도인의 핍박

내가 복음을 전하는 설교자가 되었다는 소문이 퍼져감에 따라, 나의 고향 사람들과 나의 가족, 동료 그리스도인 형제 자매들도 역시 나를 핍박해 왔습니다. 언젠가 나는 로스앤젤레스에서 오신 아시아계 목사님들과 복음 전도자들 그룹에 방문하도록 초청 받았습니다.

식사를 하는 중에, 그들은 누구의 권위로 내가 하는 이 일을 하느냐고 나에게 묻는 것이었습니다. 그들은 나에게 나의 신학 학위는 어디거냐고 물었습니다. 또 사람들을 치유하기 위해서 내가 Ph.D(미국에서는 일반적으로 박사학위를 의미함)를 따야 할 필요가 있다고 내게 말했습니다. 나는 마음이 상했습니다.

내가 집에 돌아왔을 때, 나는 매우 화가 나서 하나님께 "나는 이제 그만하겠습니다. 그 사람들 말이 옳아요"라고 말씀드렸습니다.

그날 밤, 나는 혼자 거실 의자 위에서 잠을 잤습니다. 내가 바깥에서 들리는 새들의 소리를 듣기 시작했을 때는 새벽 네시경이었습니다.

누가 한밤중에 이 작은 새들을 깨워 시끄럽게 했을까 하면서 스스로에게 물어보았습니다.

그때 갑자기 크고 강한 바람이 내 방에 불어 왔습니다. 나는 방안에서 세 사람(three people)의 임재를 감지할 수 있었는데, 그들을 볼 수는 없었습니다.

그들 중 한 명이 내 이름을 부르며 말했습니다. "하나님이 당신 뒤에 계시므로 당신은 당신의 일을 계속해야 된다는 것을 당신에게 말해주도록 예수님이 우릴 보냈지요" 그 순간, 더럭 두려움을 느꼈습니다. 나는 그의 이름을 물어보았습니다. 그가 말하기를 자기는 엘리야이고 다른 한 명은 모세라고 말했습니다.

또 나머지 한 명은 엘리사인지 아닌지 나로서는 알 수가 없었습니다. 나는 그날 아침에 일어나서 내가 전쟁중에 있음을 알았고 굳게 일어서기로 마음을 정했습니다.

나는 이 모든 핍박들을 통해 더 강해지기로 뜻을 확고히 했습니다.

하나님은 하나님의 음성을 듣고 순종하는 사람들을 찾고 계십니다.

당신은 누구의 음성을 듣고 있습니까?

오늘날 우리는 여러 가지 음성을 듣습니까? 그래서 우리는 누구를 믿고, 누구를 믿지 말아야 할지, 누구를 따르고 누구를 따르지 말아야 할지 혼돈하고 있습니다.

우리의 인격은 우리의 삶에서, 시간의 대부분을 무엇을 듣고 누구를 따르는가에 달려 있습니다.

우리는 대개 문화와 사회의 영향을 받으며, 그리고 우리 주변에 있는 사람들이 우리에 관해 생각하거나 말하는 것으로부터 영향받게 됩니다.

문화와 사회, 그리고 환경은 여러 가지 음성을 가지고 있습니다. 예를 들어, 자신들이 원하지 않는 어떤 것을 공부하거나 자신들이 좋아하지 않는 어떤 것이 되라고 하는 부모의 강요를 받게 됨으로써 좌절된 청년들을 많이 알고 있습니다.

그들의 부모들은 자기 자녀들이 법학을 공부하고 의학을 공부하면 돈을 많이 벌 수 있게 될 거라고 믿었습니다.

그들이 더 많은 돈을 가지게 되는 것은 그들로 하여금 더 많은 것을 소유하게 하며 더 화려한 인생을 살게할 것으로 믿었습니다.

그런데 그 부모들은 교육이란 더 높은 사회적 지위를 성취하는 것이나 더 많은 것들을 소유할 수 있도록 더 많은 돈을 버는 것에 관한 것이 아니라는 사실을 망각해 버렸습니다.

그대신 교육의 목표는 젊은이들을 훈련하고 격려해서 그들의 가능성을 개발하여 그들의 재능과 능력을 통하여 주님을 섬길 수 있도록 하는 것입니다.

나는 이 문제를 스스로 경험했습니다.

나의 집안에서는 내가 하나님이 부르시지 않는(하나님께서 그렇게 되라고 말씀한 적이 없는) 어떤 사람이 되길 원했습니다. 이것 때문에 나는 둘 중 한가지를 선택해야만 했습니다. 나는 일반대학에서 공부하여 의사나 교수가 되는 것이 나의 원함이 아니었는데, 왜냐하면 그것은 나의 천성이 아니기 때문입니다.

나는 단순한 복음 메시지를 전하는 설교자입니다. 그리고 그 일에서 나는 성공적이며 축복을 누리고 있습니다.

제발, 저를 오해하지 마십시오.

물론 우리는 우리의 자녀들을 훈계하고, 그들을 인도하여 더 나은 장래를 맞이할 수 있도록 해야 합니다. 그러나 우리는 또한 하나님께서 그 분의 완전하신 목적과 계획을 위해 우리의 자녀들과 함께 그 분께서 원하는 것을 하실 수 있도록 여지를 남겨 드려야 합니다.

나는 지금 모든 사람이 전도자나 설교자가 되어야 한다고 말하는 것이 아닙니다.

아마 어떤 이는 의사가 되도록 부르심을 받았을 것이며, 또 어떤 이는 자동차 기술자나 파일럿이 되도록 부르심을 받았을 것입니다. 왜냐하면, 그것은 그 사람에 대한 하나님의 원하심이기 때문입니다.

오늘날 당신은 누구의 음성을 듣고 있습니까? 당신은 당신의 문화나 전통의 음성을 듣고 있습니까? 당신은 당신 주변의 사람

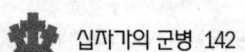

> 들의 음성을 듣고 있습니까? 예수님께서 말씀하셨습니다.
> "내 양은 내 음성을 듣고"(요10:27) 그 분의 음성을 들으십시오. 왜냐하면 그렇게 하는 것이 가장 안전한 길이기 때문입니다. 그 분은 당신이 역경의 바다를 건너갈 때, 언제든지 당신과 함께 해주실 것입니다.

어려운 시절

내 사역의 초기 시절은 만만치 않은 세월들이었습니다. 나는 다른 그리스도인들과 가족들로부터 핍박당할 뿐만 아니라, 내가 섬기는 교회식구들에게 또한 내 자신을 증명하도록 강요받았습니다.

열심히 연구하고 설교문을 영어로 쓰고 난 후, 나중에 그것을 설교했습니다.

"당신의 영어는 좋아졌습니다"라든가 "이번 주 당신의 영어는 별로 좋은 것 같지 않은데요"라는 등의 의견을 듣곤 했습니다. 나는 종종 마음이 상하기도 해서 그들과 논쟁하기도 했습니다.

하나님은 얼마나 전문적으로 당신이 말하는가를 보고 계신 것이 아니라, 얼마나 그 분께 순종하는가를 보고 계신다고 나는 그들에게 말하곤 했습니다.

우리가 성경공부 모임을 하고 있었을 때, 때때로 내 아내 외에는 아무도 오지 않았습니다.

나는 교회 식구들에게 쫓아가서 그들에게 와서 그리스도를 따르라고 애원하다시피 하곤 했습니다. 가끔 나는 그들하고도 논쟁하곤 했습니다. 그러나 하나님께서는 내가 그들을 잘 다독거리고 또한 그들을 위해 기도할 수 있도록 인내하는 마음을 주셨습니다. 하나님께 감사드립니다. 오늘날 그들 모두는 우리팀의 일원입니다.

그들은 지금 성숙한 그리스도인들로서 주님의 일을 하는데 제 뒤에서 후원해 주고 있습니다.

이러한 모든 어려움들 가운데, 나는 오직 한 분 가장 절친한 친구가 있었는데, 내가 사랑하고 깊이 존경하는 성령님입니다. 그리고 그 분 뒤에는 나의 사랑스런 아내 사라가 있었습니다.

성장과 침체

내가 교회를 조직했던 방법은 매우 보수적이었습니다.

예배시간이나 사람들에게 손을 얹고 있는 동안 나는 사람들의 마음을 상하게 하거나, 그들로부터 오해받을까 두려워했기 때문에 나는 어떤 치유도 실습하지 못했습니다.

그때 교회는 열 다섯명으로 성장했습니다.

어느 날, 하나님의 영이 제게 임하셔서 말씀하셨습니다. "네 손을 사람들 위에 얹어 그들을 위해 기도하여 그들을 치유하라. 사람들 말을 듣지 마라"

다음날 아침은 주일이었습니다. 나는 사람들 위에 내 손을 얹었습니다. 기사와 표적이 따랐습니다. 그러나 그날 창립멤버를 제외한 거의 모든 사람들이 떠나버렸습니다. 모든 것이 새로워졌습니다.

우리 교회는 다시 여덟명으로 곤두박질쳤습니다. 그때 주님께서 제

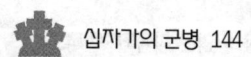
십자가의 군병 144

게 말씀하셨습니다. "이제 나는 너를 사용할 것이다. 이제 이 교회 건물에서 나가라, 그러면 내가 네게 새로운 것을 주리라"

내가 주님 안에 있지 않았을 때, 나의 아내가 다니고 있었고 내가 불을 지르려고 했던 그 한국인 교회를 기억하십니까? 그런데 그 교회는 미국으로 이사를 가버렸습니다.

그 교회 건물의 소유자가 예수님이 자기에게 찾아오셔서 "그 교회 건물을 나의 아들 사무엘 리에게 임대해 주어라"고 말씀하시는 꿈을 꾸었습니다.

그 교회건물을 임대하고자 하는 사람은 많았고, 800달러의 임대료가 필요했는데, 우리 교회의 구좌엔 겨우 50달러 뿐이었습니다.

나는 의심하고 있었습니다. 그러나 주 안에서 나는 담대한 걸음을 시작했고, 그 건물을 임대했습니다.

사람들은 아무런 돈도 없이 우리가 이 건물을 어떻게 할 수 있겠느냐고 내게 물었습니다. 더구나 돈이 많이 들어가야 하고 수리도 해야 하는 이 건물을 우리는 이미 임대하였던 것입니다.

믿기 어렵겠지만, 50달러로 우리는 페인트를 칠하고 모든 공간을 수리했습니다.

서서히 교회는 성장해 갔습니다. 많은 아프리카인들, 필리핀 사람들을 비롯하여 아시아인들이 그 교회에 모여 들었습니다. 회중들이 내가 설교했던 그 방식을 바꾸었습니다. 나는 거의 *흑인 설교자(a black preacher)가 되었습니다.

---

* 흑인 설교자(black preacher)
 - 아프리카 출신의 흑인 설교자들은 대개 독특한 발음의 영어를 구사한다. T.D.Jakes 같은 유명한 설교자도 이 범주에 속한다.

나를 보자마자, 많은 사람들이 내가 중동에서 왔다는 사실을 믿지 못하는 것이었습니다. 그러나 라디오로 나의 설교를 듣는 사람들은 내가 아프리카 사람인줄로 생각했습니다.

하나님께서 제게 보내준 회중들로 인해 하나님께 감사드립니다.

교회는 성장했습니다. 우리는 의자가 필요했는데 그래서 일백개 이상의 의자를 위해 기도했습니다. 이틀안에 신비스러운 방법으로, 교회 문밖에 무료로 갖다 놓은 일백여개의 의자를 우리는 가질수 있었습니다.

한 형제가 그 의자를 가질 수 있도록 도와 주었던 것입니다. 교회는 성장하기 시작했지만, 주님께서는 저와 교회를 위해 다른 계획을 가지고 계셨습니다.

사람들이 구원받다.

우리 교회에 '마르나' 라고 하는 한 필리핀 자매가 있는데 그녀는 우리 사역팀에 합류했습니다.

마르나에게는 사이프러스에서 가정부로서 일하는 카톨릭교도인 여동생이 있었습니다.

그녀는 사이프러스에서 일에 대한 압박감과 가족 문제로 고통받고 있었습니다. 그녀는 희망이 보이지 않게 되었습니다. 마르나가 내게 자신의 여동생에 대해 말했을 때, 하나님께서 내 마음속에 말씀하셨습니다. "내 아들아, 녹음기를 사용하여 그녀에게 전도해라. 카세트 테잎을 그녀에게 직접 보내라"

나는 녹음기로 그녀를 위한 메세지를 테잎에 녹음하였고 내 간증도 함께 넣었는데, 내가 어떻게 그리스도를 영접했는가 하는 것을 그녀에게 설명했습니다. 또한 그 테잎안에 그녀를 위해 나는 기도를 했습니다.

우리는 그 카세트 테잎을 그녀에게 보냈으며, 얼마 후 그녀는 그것을 받았습니다. 그녀가 그 카세트 테잎을 들었을 때, 그녀는 울기 시작했으며, 동시에 성령으로 새롭게 되었습니다. 그리고 그녀는 자신을 그리스도께 드렸습니다.

그녀가 그 카세트 테잎을 또 다른 자매에게 주었을 때, 같은 일이 그 자매에게도 일어났습니다. 그 자매도 구원받았습니다. 그리고 한 달 만에 그 카세트 테잎을 통해 그리스도를 영접하게 된 새로운 회심자들의 모임이 형성되었습니다.

나는 그때 사이프러스를 방문하여 그들을 축복했습니다. 그들은 나의 사역아래 형성된 두번째 교회가 되었습니다.

오늘날 사이프러스에 있는 이 교회는 전 세계의 수많은 사람들에게 복음을 전하며 그리고 하나님의 왕국의 열매를 가져오고 있습니다.

하나님께서는 얼마나 우리가 결코 상상하지도 못했던 방식으로 움직이시는가에 대해 나는 언제나 놀랍니다.

겨우 2달러 상당의 카세트 테이프가 다른 나라에서 새로운 교회와 선교센터를 세우는 산파 역할을 했던 것입니다.

나는 단지 나의 간증을 나누기만 했는데도, 그 자매들은 구원받고 그들의 삶을 그리스도께 헌신했던 것입니다.

영혼을 구원하는 것은 신학교에서 공부하는 것이나 많은 학위를 따르는 것에 관한 것이 아닙니다. 그것은 그리스도께서 당신에게 주신 열정과 불타는 사랑으로 당신의 간증을 나누는 것에 관한 것입니다. 그렇게 할 때 당신은 영혼들이 구원받아 하나님의 나라로 들어가는 것을 보게될 것입니다. 당신은 어떻습니까? 당신은 간증을 가지고 있습니까?

당신은 간증이 있습니다.

살아있는 간증들은 사람들을 그리스도께로 나오게 하는데 큰 영향력을 줍니다. 어떤 다른 사람의 이야기를 설명하는 것은 당신이 직접 경험한 것을 말하는 것만큼 강력하지도 않을 것입니다.

불행하게도 오늘날 우리들 중 많은 사람들이 마땅히 그렇게 되어야 할 방식으로 자신의 간증들은 나누지 않고 있습니다.

때때로 이것은 우리 자신의 간증이나 증거를 다른 사람들 간증이나 증거만큼 강력한 것으로 보지 않기 때문이거나, 우리가 우리 자신의 간증이나 증거를 과소평가하기 때문입니다.

이런 태도가 바뀌어져야 합니다.

당신의 간증이 다른 사람들에게 얼마나 단순하고 유치하게 보이는가는 중요하지 않습니다.

당신의 간증은 다른 사람의 삶을 변화시킬 수 있으며 누가 그 사람이 되는가는 중요하지 않습니다.

구원에 대한 모든 간증은 어떤 사람들을 주님께 나오게 하기

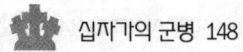

위한 것입니다.

당신이 해야 할 필요가 있는 것은 당신의 간증을 나누는 것이며, 그것을 반드시 들어야 할 사람을 발견하는 것입니다!

우리 그리스도인들이 우리의 간증을 다른 사람들이 접하고 들을 수 있게 한다면, 그때 기독교는 오늘날 성장하는 것보다 훨씬 더 빠른 속도로 성장하게 될 것을 나는 온 마음을 다해 확신합니다.

우리가 직면하고 있는 문제들 중 한 가지는 성직자들에게 하나님의 말씀을 나누는 사역을 할 수 있도록 해주는 것입니다. 우리는 설교단을 너무 많이 의존하고 있습니다. 그 결과 많이 알고 있으며, 많은 것을 경험하고, 많은 간증거리를 가지고 있는 영적으로 너무 비만하기만 한 그리스도인들이 많이 있습니다. 그러나 그들은 간증거리를 다른 이들과 나누지 않고 있습니다.

여성들, 청년들 그리고 어린이들조차도 복음전도를 위한 강력한 군대입니다.

만일 이 세상에 있는 거듭난 그리스도인 여성들이 그리스도에 대한 그들의 간증과 하나님께서 그들에게 주신 자유에 대한 간증을 나누기만 해도 모슬렘과 힌두교 여성들 가운데 부흥이 일어나리라고 나는 믿습니다.

우리는 우리의 간증을 어떻게 나누어야 할까요? 간증을 나누는 두 가지 방법이 있는데, 말로 하는 것과 행동을 통해서 하는 것입니다.

말로 하는 간증

말로 하는 간증은 우리 삶의 이야기입니다.

당신이 어떻게 그리스도를 만났으며, 그리고 그리스도께서 어떻게 당신의 삶을 개입해 주셨으며, 그분께서 당신을 어떻게 변화시키셨는가 하는 이야기입니다.

이것은 치유, 꿈, 비전, 컨퍼런스 또는 다른 많은 방법들을 통하여 가능합니다.

당신이 반드시 해야 하는 한 가지는 성령님께 당신의 마음문을 열어 드리고 어떤 사람들과 함께 당신의 간증을 나누는 동안, 그분의 열정이 당신의 마음 안에 타오를 수 있도록 성령님을 위한 자리를 내드리는 것입니다.

다른 말로 하면, 당신은 성령님의 사랑과 능력으로 그것을 나누어야 한다는 것입니다. 그리고 마치 그 일이 어제 일어난 일처럼 말하십시오.

많은 사람들은 그리스도를 향해 처음 가졌던 사랑이 식어져 갑니다. 그들은 예수님께서 자기의 삶에 오셨던 그날과 그때 가졌던 감정을 망각해 왔습니다. 그때와 동일한 열정으로 여전히 살아있는 상태를 유지해야 합니다.

요한 계시록 2장 4절은 첫 사랑을 잃어버린 것에 관해 말씀하고 있습니다.

"그러나 너를 책망할 것이 있나니 너의 처음 사랑을 버렸느니라"

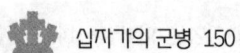

말로 하는 간증은 많은 영혼들에 복음을 제시하는데 중요한 수단입니다. 많은 사람, 또는 최소한 한 사람은 밖에서 당신의 간증을 기다리고 있습니다.

당신의 간증을 나누십시오. 그러면 그때 당신이 할 수 있는 다른 것을 발견하게 될 것입니다.

행동으로 하는 간증

많은 사람들이 믿는대로 살지 않고 있으며 주님께서 그들에게 하라고 하신 것을 실행하지 않습니다.

그럼에도 불구하고 우리는 더 거룩해지려는 열망을 가져야 하며, 또는 그리스도께서 사셨던 것같은 가치있는 삶을 살려는 열망을 가져야 합니다.

예수 그리스도는 행동으로 한 증거의 훌륭한 예입니다. 그 분이 용서에 대해 설교하시는 동안 그 분은 사람들을 용서하셨습니다. 삶에 대한 그분의 방식은 그분이 진실로 하나님께로부터 왔으며, 인류의 구세주이심을 보여주신 것이었습니다.

우리 그리스도인들은 우리가 믿는 바를 실행해야 합니다. 왜냐하면 그것은 그 자체로서 간증이기 때문입니다.

행동으로 하는 증거는 강력합니다. 왜냐하면 예수님께서 그렇게 하셨기 때문입니다.

나는 똑같이 그렇게 할 것입니다. 성경말씀을 통하여 우리에게 요구하셨기 때문에 나는 순종할 것입니다.

우리가 말로 간증하거나 행동으로 증거할 때, 사람들은 언제나 여러분들에게 동의하는 것이 아님을 또한 기억해야 합니다.

사람들은 여러분의 간증이나 믿음에 대해 경멸하며 조롱할 것입니다. 그러나 이것은 십자가를 지는 것의 한 부분입니다. 바로 이런 이유로 당신 주변에 있는 다른 이들에게 당신의 간증을 나누기 위해 당신은 태어났으며 당신이 최소한 한 사람의 영혼을 하나님의 왕국으로 인도하기 위해 태어났습니다.

시험

사이프러스에 있는 교회와 거기서 일어난 기적들은 하나님의 계획안에서 단지 나의 사역을 위한 사닥다리였습니다.

하나님은 언제나 우리에게 큰 것을 주시기 전에 작은 것으로 우리를 시험해 보십니다.

다음장에서 나는 내게 일어났던 믿을 수 없는 기적들과 국제적인 사역에 들어가도록 어떻게 문을 여셨는가를 여러분과 나누려 합니다.

하나님께서는 우리에게 주신 일들을 우리가 어떻게 다루는가에 대해, 하나님은 언제나 관심이 있으십니다.

어떤 사람들은 커다란 군중들 앞에서 설교하길 원하지만, 아직 그들은 단 한 사람조차도 제대로 다루지 못합니다.

어떤 사람들은 큰 부자가 되길 원하지만, 그들은 아직 자기가 가지고 있는 작은 돈조차 잘 관리하지 못합니다.

기억하십시오. 모든 것은 작은 것에서부터 출발한다는 사실을…

천리길도 한 걸음부터입니다.

하나님이 여러분에게 맡기신 것에 충실하십시오. 그것이 크든 작든 말입니다. 중요한 것은 하나님이 우리에게 부과하신 일들의 크고 작음에 관한 문제가 아닙니다. 참으로 중요한 것은 기꺼이 그 분의 음성을 들으려 하는 준비된 마음입니다.

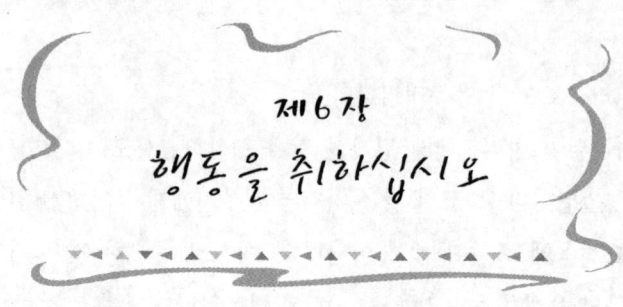

사이프러스에서 뭔가가 일어난 후, 나는 그곳 교회의 성도들을 격려하기 위해 정기적으로 그곳에 갔습니다.

그때는 나를 위한 하나님의 계획에 대해 결코 아무것도 알지 못했습니다. 1997년 4월, 주님께서 나를 세계적으로 사용하길 원한다고 말씀하셨습니다.

나는 하나님께 물었습니다. "하나님, 어떻게 저를 쓰실 수 있겠습니까? 나는 아무것도 아닙니다. 뿐만아니라, 이미 강력한 전도자들이 하나님의 말씀을 전하면서 전세계를 여행하고 있습니다. 그런데 어느 누가 내가 전하는 말을 듣고자 하겠나이까?"

주님께서 말씀하셨습니다.

15개국 이상의 나라에서 무료로 광고를 실을 수 있는 '바이 앤 셀(Buy & Sell)신문' 이 있다.

그 신문에 광고를 하나 게재하여 너와 함께 일할 동역자를 불러 모아라. 그들에게 너의 무료 카세트 테잎과 네가 설교하는 모습을 녹화한 비디오 테잎, 그리고 뉴스 레터를 정기적으로 보내 주어라."

주님께서 계속해서 말씀하셨는데 그 분은 가난한 사람들을 원하신다고 했습니다. 그들은 무료 카세트와 비디오를 통해 복음을 받아들일 기회를 거의 가질 수 없습니다.

주님께서는 나에게 광고를 내고 기다리라고 말씀하셨습니다.

시간은 흘러갔습니다. 그리고 4월이 되어서야, 우리가 낸 광고에 대해서 한 사람이 첫 번째로 우리에게 팩스 한 장을 보내왔습니다. 그녀는 남 아프리카 공화국 출신이었습니다. 다른 사람들의 지원도 아프리카의 서로 다른 나라들로부터 왔습니다. 그 나라들에서는 내가 어떤 광고도 실은 적이 없었습니다. 우리는 또한 다른 아홉 나라로부터 회신을 받았습니다. 그래서 우리는 처음으로 그들에게 카세트 테잎과 비디오 테잎을 발송했습니다.

내가 이 사실을 친구들과 나누었을 때, 그들은 내가 미쳤다고 생각했습니다. 어떤 사람들은 진지하게 나를 대해주기조차 하지 않았습니다. 그러나 그들은 이 계획 뒤에 하나님이 계신다는 사실을 알지 못했습니다.

어떤 사람은 말했습니다. "누가 당신께 응답하려고 하겠어요? 어느 누가 당신의 오디오 테잎에 관심이 있겠습니까? '베니 힌'이나 '라인하르트 본케'는 알아도, 당신을 아는 사람은 아무도 없어요"

마음속 깊은 곳에 이것은 어떤 사람에 관한 것이 아니라, 오히려 이러한 하나님의 사람들은 하나님의 성령께서 거하시는 그릇들이라는 사실에 관한 문제임을 나는 알았습니다.

그들이 성령으로 충만하다면, 나 역시 동일하신 성령으로 충만합니다. 그리스도를 죽음으로부터 살리신 동일하신 성령께서 내 안에도 역시 거하고 계십니다. 그래서 나는 그들의 실망시키는 말에 개의치 않기로 했습니다.

몇몇 사람들로부터 긍정적인 반응을 받은 후, 같은 신문에 한 번 더 광고를 실어야겠다고 생각했습니다. 그러나 이 계획은 실현되지 않았습니다.

내가 교회 명의로 광고하고 있기 때문에, 광고하기 원하는 도시당 20달러 상당을 지불해야 한다고 통보해 온 그 신문사의 사장으로부터 한 통의 편지를 받았습니다.

계산해 보니까 처음에 무료로 실었던 것과 똑같은 광고를 게재하기 위해서 약 1000달러가 들게 되는 것이었습니다.

나는 그 광고를 다시 게재하기로 동의하고 은행을 통해 그 돈을 송금했습니다. 그런데 몇일 후, 송금했던 그 돈이 우리 구좌로 되돌아와 있었습니다. 나는 왜 그렇게 된건지 이해할 수가 없었습니다.

그 신문사 사무실에 전화를 걸어 국제 광고 담당자에게 물어보았습니다.

그 사람이 내게 말했습니다. "닥터 리, 나는 당신을 알아요. 우리가 실수를 했습니다. 우리 신문의 국제란에는 거듭난 그리스도인의 어떤 광고도 결코 게재하지 않는 것이 우리의 정책입니다"

나는 충격을 받아서, 대답했습니다.

"원 세상에! 그게 있을 수 있는 일입니까? 당신은 우리의 첫번째 광고물을 거의 무료로 게재해 주지 않았습니까?"

그 사람이 대답했습니다.

"직원의 과오로 우리가 실수한 것이었습니다."

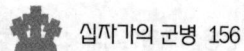

그리고 그는 전화를 끊었습니다.

그것은 기적이었습니다!

하나님께서 그 신문사에서 일하는 사람을 혼돈케 하셨음을 나는 믿습니다.

전에 우리가 광고를 의뢰했을 때, 그들은 그것을 되돌릴 수 없었습니다.

그것은 힘으로 된 것이 아니며, 능으로 된 것도 아니었습니다. 내 삶의 파트너이시며, 나의 가장 친한 친구이시자 조력자이신 하나님의 성령님에 의해 된 것이었습니다.

우리의 삶 가운데, 하나님이 통치하시고 우리는 단순히 순종해야만 하는 순간들이었습니다.

이스라엘 백성들은 그들이 먼저 물 속으로 그들의 발을 내딛지 않았거나, 그들이 약속의 땅을 향하여 움직이지 않았더라면 그들은 결코 요단강을 통과하여 건널 수 없었을 것입니다.

세계를 상대로 복음을 전파함.

몇 달이 흘러가서 1997년 10월이 되었습니다.

우리 팀의 멤버들만이 우리 교회에서 기도 모임을 가졌습니다. 그 춥던 날 밤, 우리는 기도했습니다. 그리고 갑자기 하나님의 임재가 그 장소를 채웠습니다.

팀의 모든 멤버들이 하나님의 권능아래 바닥으로 쓰러졌습니다. 그리고 우리 모두는 성령으로 취하였으며 또 진동하고 있었습니다.

6장. 행동을 취하십시오 157

우리가 기도하고 있던 방 안에는 작은 공이 있었는데 그 공은 주일학교 어린이들이 사용하는 것이었습니다.

주님께서 말씀하셨습니다. "일어나서 그 공을 양손으로 취하여 그것을 들고 있어라. 이것이 세계이다. 거기에 관심을 가져라. 나는 너를 열방으로 보내노라"

그와 동시에, 세 명의 자매들이 하나님께서 세계복음전도(World Evangelism)라고 하는 벽난로를 내 위에 얹어놓는 환상을 보았습니다.

우리는 새벽 4시에 각자 집으로 돌아갔습니다.

기도 모임을 가지고 난 다음 날, 나는 우편물을 확인하기 위해 우체국에 갔습니다. 첫번째 발견한 우편물은 스위스에서 온 초청장이었습니다.

그 나라의 의회와 총리가 그 프로그램안에 있었습니다. 그리고 나는 다른 편지 하나를 개봉했는데, 그것은 남아프리카 공화국에서 온 초청장이었습니다.

그들은 말하길 내 설교를 듣고 모두 하나님의 만지심을 경험했다는 것이었습니다. 그들은 복음전도운동에 나와 함께 하길 원했습니다.

초청장은 계속해서 날아들었습니다.

우리가 세계로 보낸 설교 카세트 테잎은 감방안에서조차도 부흥을 가져왔습니다. 사람들은 한꺼번에 수명씩 구원받았습니다.

성령께서 그들 가운데 오셨으며, 형무소 안에서 줄곧 역사하셨습니다. 범죄자들은 그리스도께로 나아 왔습니다. 경찰들도 그리스도께로 나왔습니다.

지구의 반대편에 있는 젊은이들이 복음전도에 도전을 받고 있었습니다.

　세상 열방으로 나아가려 한다면 우리는 그들을 훈련시켜 해외로 파송하기 위하여 그리스도의 권능으로 원주민과 그 나라 사람들을 가르치고 구별하여야 한다는 것을 하나님께서 제게 말씀하셨습니다.

　호주에서부터 유럽에 이르기까지, 그리고 남아프리카 공화국에서 아시아에 이르기까지, 우리는 영혼을 추수하고 있습니다.

　상류층의 사무원들로부터 정부기관의 직원들에게까지 그리고, 세계에서 가장 가난한 사람들에 이르기까지 사람들은 이미 값없이 복음을 받았으며, 또한 지금도 받아들이고 있습니다.

　2년이 채 되기도 전에, 선교 센타들이 개원됐으며, 세계 여러 지역에서 목사님들이 그들의 전통적 교회를 떠나 복음전도 운동에 참여했습니다.

　어떤 이들은 핍박받고 거절당하였으며, 그들의 직장에서 해고당하기조차 했습니다.

　그들은 하나님의 기름부으심을 받고 이 신선한 새로운 운동에 가담했습니다.

　그럼에도 불구하고 이 운동이 모든 믿는 자들, 특히 지도자들과 장로들에게 언제나 수용되어지는 것이 아니었습니다.

　한 번은 아프리카에 갔는데, 한 장로는 벽에 붙어있던 우리의 포스터를 떼어 내기 위해 사람들을 고용했습니다. 그는 관찰하기 위해서 우리 집회에 와서 우리를 핍박하려고 우리 뒤로 갔습니다. 어느날 밤, 우리 집회가 진행되는 동안 그는 하나님의 권능으로 치유함을 받았습니다.

그리고 그는 자신의 간증을 회중들과 나누기 위해 앞으로 나왔으며 하나님께 용서를 구했습니다.

하나님께 불가능은 없습니다. 그 분은 단순히 하실 수 있는 이상의 분으로 전능하신 분이십니다.

때때로 사역의 높은 위치에 있는 사람들이 신선한 불과 기름부으심의 이 운동에 가담하기 위해 와서 하나님께 쓰임받는 것을 보고 나는 놀라곤 합니다. 삼년도 되기 전에 우리의 사역은 세계 80개국에 미치게 되었으며, 예수 그리스도의 복음을 위해 여러 나라들과 단체들, 그리고 개인들에게 충격을 줄 수 있게 되었습니다.

설교 테이프를 듣게된 남·녀 젊은이들은 뜨거워져서 영혼들을 구원하면서 자기들이 살고 있는 전 지역을 여행하며, 온 나라를 다닙니다.

이 복음전도운동은 어떤 사람의 일이 아니라 성령의 권능을 통하여 그리스도의 복음을 전세계로 전파하기 위해 함께 손을 잡는 사람들의 단체적인 사역입니다. 연합할 때만이 우리는 진실로 강하게 됩니다.

우리는 모든 것을 가지고 있습니다

내가 배운 한 가지는 주님안에서 그들의 목표에 도달하기 위해 돈이 교회들과 사역단체를 위한 유일한 해결책이 아님을 각 사람이 아는 것이 필수적이라는 것입니다.

돈 대신에, 인간적 자원이 성공적인 사역을 위해 필수적입니다.

나는 그들의 은행구좌에 어마어마한 돈을 가지고 있는 사역단체들을 줄곧 보아왔습니다. 그러나 여전히 사랑하는 마음을 소유한 사람들로 구성된 팀을 소유하지 못하고 있기 때문에, 그 돈을 어떻게 사용해야 할지 알지 못하고 있습니다. 그들은 하나님의 사역을 싸늘하게 제한시키고 있을 따름입니다.

어떤 사람에게 동기를 부여하고, 그를 성령님의 권능아래 있게 하십시오. 그러면 당신은 열매를 보게될 것입니다.

그리스도의 몸은 직업적으로 일하기 위한 어떤 조직에 의해 고용된 사람들을 필요로 하지 않습니다. 우리는 고용된 사람이 아니라, 우리는 그리스도의 피값으로 주님의 것이 된 자들입니다.

우리는 부르심과 함께 자신의 모든 것을 하나님의 나라를 위해 드리기 원하는 사람들을 필요로 합니다.

주님께서는 이곳 지상에서 하나님의 계획을 전세계에 미치게 하기 위해서 또 그것을 성취하기 위해서, 단지 거대한 대형 교회들만을 필요로 하시는 것이 아닙니다.

작은 교회든, 큰 교회든, 유명한 복음 전도자든 알려지지 않는 복음 전도자이든 이러한 모든 것은 우리가 자신을 필요로 하는 모든 것은 바로 그리스도이심을 우리가 깨닫는 한, 그러한 사람들 자체가 중요한 것은 아닙니다.

사람들은 번번히 저에게 묻습니다.

"어떻게 그 일을 합니까? 당신은 많은 돈을 가지고 계심이 틀림없습니다." 나는 언제나 그들에게 이렇게 대답합니다. "그리스도와 성령으로 충만한 강력한 팀이 제가 필요로 하는 모든 것입니다."

기억하십시오. 처음엔 오직 열 두 제자들이 세상 권세에 영향을 미쳤다는 사실을…

걸음을 내디디십시오.

사람들이 무언가에 대해 출발할 때, 그들이 다루어야 할 문제들 중의 한가지는 그 길을 가면서 직면하게 되는 장애에 시선을 두는 것입니다.

물론 우리는 우리가 감당해야 할 것에 대해 현실적이 되어야 합니다. 그러나 만일 우리가 장애물만 바라보고 있다면 하나님께서 우리에게 하라고 부르신 어떤 것(그것이 사역이든, 사업이든, 가족문제이든 그 외 다른 어떤 것일지라도)을 위해 출발하면서부터 낙심하게 될 것입니다.

예수님께서는 우리에게 어린이와 같은 믿음을 가져야 한다고 가르쳤습니다.

많은 사람들이 나의 사무실로 와서 내게 사역을 위한 그들의 위대한 꿈을 제안해 왔습니다.

그들은 자신의 부르심을 알며, 그들이 어디에 속하여 있는지 알고 있습니다. 그러나 그들은 어떤 행동도 취하지 않습니다. 대신에 그들은 나의 사무실로 와서 사역을 시작하기 위해 내게 엄청난 돈을 요구합니다.

그들은 불평하며, 고통받으며, 하나님께서 그들을 통해 움직이실 때까지 그냥 기다립니다.

비밀은 그들이 먼저 움직여야 한다는 것입니다.

한번은 한 가지 사역에서 다른 사역으로 옮긴 아프리카 출신의 친구가 있었는데, 그는 자신을 받아주길 원하는 목사가 아무도 없음을 불평했습니다.

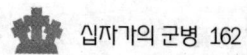

한 때 그는 어떤 목사님의 보조자(assistant)였지만, 그 교회를 떠나 다른 목사님의 교회로 멋대로 바꾸어 버렸습니다.

일년도 채 안되는 기간동안 그는 이미 세 교회를 옮겨 다녔습니다. 그는 직업도 없었고, 집도 없었습니다. 그리고 그는 서유럽(the west)에서 머무를 수 있는 거주 증명서도 없었습니다.

그의 마음속 깊은 곳에 그는 아프리카, 그것도 자기 모국에서 사역해야 한다는 사실을 알고 있었습니다. 그러나 그는 하나님의 음성에 따르지 않고 있었습니다.

어느 날, 그는 내 사무실로 와서 아프리카의 자기 고향 도시에 있는 한 교회에서 섬길 수 있게 되길 원한다고 내게 말했습니다.

"좋습니다. 당신은 이제 본 정신으로 돌아왔습니다. 이제야 당신은 어디로 가야하는지 제대로 알고 있군요"

그는 말했습니다. "그러나 나는 당장 4000달러가 필요해요"

나는 어리둥절해져서 그에게 물었습니다.

"당신이 지금 당장 그 돈을 필요로 한다면, 당신 또한 하나님의 부르심에 지금 당장 응답해야 할 필요가 있어요" 나는 거기서 덧붙여 그에게 말했습니다. "당신은 여기에서 아무것도 가지고 있지 않습니다. 직장도 없고, 있을만한 집도 없고, 그리고 거주 증명서도 없습니다. 자, 나와 함께 공항으로 갑시다. 그리고 내가 당신의 돌아가는 비행기 티켓 값을 제가 내드릴테니 가서 일을 시작하십시오"

그는 펄쩍뛰면서 말했습니다.

"먼저 저에게 4000달러를 주십시오"

나는 대답했습니다. "지금은 한푼도 줄 수 없습니다. 당신은 가서 지금 하나님의 부르심에 순종해야 합니다. 그때 돈을 드리겠습니다!"

예수님께서 마태복음 6장 33절에서 말씀하셨습니다.

"너희는 먼저 그의 나라와 그의 의를 구하라 그리하면 이 모든 것을 너희에게 더하시리라"

폭풍우 때, 제자들은 보트안에 있었고 예수님께서는 물 위를 걸으셨다는 이야기가 성경에 있습니다. 그 보트는 거의 가라앉다시피 했습니다. 제자들은 멀리서 어떤 형체가 물 위로 걸어오면서 자기들에게 가까이 다가오는 것을 보았습니다.

베드로가 말했습니다. "만일 당신이 주시어든 나를 불러 당신께 오라 하소서" 예수님께서 그에게 말했습니다. "오라! 물 위로 걸어오라!" 베드로는 잠시동안 물 위를 걸었습니다. 그러나 그가 그의 앞에 다가오는 파도를 보는 순간, 그의 시선은 예수님을 놓치고 말했습니다. 그러자 그는 가라앉기 시작했습니다. 예수님께서 그를 구조하여 물 밖으로 건져냈습니다.

우리는 마치 베드로와 같을 수 있습니다. 그분의 소명에 초점을 맞추는 대신에 파도와 어려움에 초점을 맞추고 있습니다. 그렇게 하는 것은 우리를 실족시키고, 우리로 하여금 아무것도 할 수 없도록 합니다.

잠언 26장 13절 말씀은 이 질문과 같은 의미입니다. "게으른 사람은 왜 집밖에조차 나가지 않느냐?"

무엇이 그를 두렵게 합니까?

사자가 그를 두렵게 합니까?

하나님의 부르심을 따라 움직이십시오. 그러면 그분께서 당신을 축복하시는 것을 경험하게 될 것입니다.

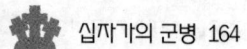

당신이 강을 건너고 불을 통과할 때, 당신과 함께 계셔서 당신을 당신의 대적들로부터 건져내실 것입니다.

당신이 사망의 음침한 골짜기를 걸어갈 때, 그분께서 당신과 함께 해 주실 것입니다. 당신이 행해야 할 필요가 있는 단 한 가지는 움직여서 행동을 취하는 것입니다.

하나님께서는 당신이 그것을 즉시 이루시길 기대하시지 않는다는 사실을 이해하십시오. 또한 하나님께서는 당신에게 하라고 부르신 분야에서 당신이 가장 위대해지는 것을 기대하시지 않습니다.

절대 그렇지 않습니다! 그분께서 당신이 하길 원하시는 것은 비록 당신이 넘어지고 실수하더라도, 순종의 걸음을 내딛는 것입니다. 그 분은 당신이 행동하길 원하십니다.

그것이야말로 당신의 시험입니다!

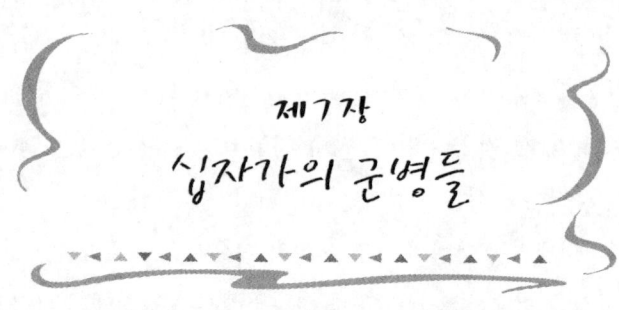

제 7 장
십자가의 군병들

당신이 이 장(章)을 읽을 때, 나는 당신이 준비할 것을 경고합니다. 내가 믿기로 당신의 인생은 변화하려 하고 있습니다. 성령님께서 당신의 심령(heart)을 만지시고, 당신의 삶을 급진적으로 바꾸시려 하십니다. 당신은 오순절의 하나님 권능을 다시 한 번 경험하게 될 것이며, 그리고 뉴 밀레니엄 시대에 일어나려고 하는 위대한 영혼의 대추수를 위해 하나님께서는 당신을 준비시키실 것입니다. 자, 지금 준비하십시오. 당신의 마음 문을 열고 이 장을 신중히 읽어 보십시오. 당신이 누군가는 중요하지 않습니다. 하나님은 당신을 쓰시기를 원하십니다!

나는 세상과 교회, 당신에 관해 말씀드릴 것입니다. 그러므로 당신의 좌석벨트를 채우시고 이 경이로운 여행을 위해 이륙을 준비하십시오!

우리가 사는 세상은 병들었습니다.

오늘날 우리가 사는 지구에는 60억 이상 사람들이 거하고 있습니다. 세계 인구는 인류 역사상 결코 이전에 없었을 정도로 증가하고 있습니다. 이러한 엄청난 인구의 증가는 이전보다 더 많은 전쟁, 더 많은 살인, 더 많은 범죄, 더 많은 환경재앙을 유발시켜 왔습니다.

동물들조차도 인간들의 행동과 선택의 잔혹함 때문에 보호되지 않고 있습니다.

가난은 극에 달하고 있으며, 그리고 빈부의 격차는 점점 더 커지고 있습니다.

전세계 인구의 단 20퍼센트가 전세계 소득의 85퍼센트를 점유하고 있습니다. 1995년의 UN통계 연감에 따르면 서유럽과 북미 사람들은 제3세계 나라에 사는 사람들보다 무려 150배나 부유합니다.

나는 인도, 아프리카, 그리고 배고픔으로 죽어가고 있으므로 원조를 호소하는 지구의 다른쪽에서 사역하는 목사님들과 사역자들로부터 줄곧 편지를 받아왔습니다.

나는 지금 막 인도인 목사님 한 분으로부터 편지 한 장을 받았는데, 그는 한달 수입이 겨우 미화 5달러에 불과하기 때문에 지원을 요청해 왔습니다. 당신은 이것을 상상할 수 있겠습니까?

아프리카의 어떤 나라로부터 들어온 믿을만한 소식에 의하면 여섯 명 여자들 중 한 명은 직접적이든 간접적으로든 폭력과 강간을 경험해 왔다고 합니다.

아프리카의 거의 모든 마을들은 AIDS로 죽어가고 있습니다.

그러나 서구인들이 세계의 다른 지역보다 실제적으로 훨씬 더 나쁠

수 있습니다. 지구상 여러지역에서 사람들은 물질적으로 그리고 육체적인 면에서 가난할 수 있습니다. 그러나 서구 사람들은 영적인 면에서 빈곤합니다.

그들은 경제적인 부요로 둘러싸여 있지만, 그들은 사랑에 결핍되어 있습니다. 자신들의 배우자나 자녀들로부터 사랑받는 대신, 강아지나 고양이를 마치 양자처럼 가족으로 만듦으로 사람들은 동물들에게서 사랑을 찾으려 시도합니다. 물론 우리는 여기서 어느 정도 일반적인 관찰을 하고 있습니다.

부도덕은 날마다 증가하고 있습니다.

역사상 이전 어느 때보다도 우리는 사람들의 비열함과 무례함을 경험하고 있습니다.

우리는 얼마나 자주 자기의 자녀들을 학대하는 아버지들에 대해 듣습니까? 뿐만아니라 어머니들조차도 그렇게 하는 것에 대해 우리는 얼마나 자주 듣게 되는지요.

학교에서 십대 청소년들이 권총으로 아이들을 쏘는 것에 대한 뉴스를 우리는 또한 얼마나 자주 접하는지요?

아직 태어나지도 않는 아이들이 낙태를 통해 수 천명이나 죽어가는 현실은 어떻습니까?

유괴되어 살해된 어린이들은 어떻습니까? 그리고 어마어마한 액수의 돈으로 팔리는 그들의 장기(orgen)는 어떻습니까?

얼마나 자주 남편들이 자기 아내를 구타하고, 강간하며, 심지어 죽이기까지 하는 학대를 합니까?

오늘 날, 얼마나 많은 어린이들이 가족간의 불화와 이혼 때문에 아버지 없이 또는 어머니 없이 남겨져 있습니까?

분명히 이 세상은 병들어 있습니다. 그러나 그것은 하나님의 잘못이 아닙니다! 많은 사람들은 하나님을 비난합니다. 그러나 잘못은 우리들에게 있습니다. 우리는 크게 어지러워져 있습니다. 우리의 선택은 파괴를 유발시켜 왔습니다.

제가 앞에서 언급했듯이, 우리의 역사를 만들어 온 것은 바로 사람들의 선택입니다.

포로수용소에서 600만명의 유대인을 죽인 자는 하나님이라고 우리는 말할 수 없습니다.

결코 그렇게 말할 수 없습니다. 그것은 그 당시에 그 일이 역사에서 일어나도록 허락한 권세자들의 선택이었습니다.

알제리, 유고슬라비아, 이라크, 그리고 이 세상 다른 어떤 장소에서 학대받고 살해당하게 되는 어린 아이들과 여자들이 스스로 그것을 선택했다고 내게 말하지 마십시오.

아닙니다. 결코 그렇지 않습니다! 그것은 하나님이 그렇게 하신 것도 아닙니다. 그것은 권세자들의 선택이었습니다.

하나님은 이런 잔인한 일들을 행하시지 않았습니다. 그러나 인간들은 행하였습니다.

해결책

그러면 이 병든 세상의 해결책은 무엇이며, 병든 세상에 살고 있는 사람들을 위한 해답은 무엇일까요? 돈이 그런 문제에 대한 해결책이라고 믿는 사람들이 많이 있습니다.

어떤 이들은 말합니다. "우리가 가난한 나라에 돈을 준다면, 그때 그들이 빈곤에서 벗어나올 것입니다. 또는 우리가 그들 자신의 사업을 시작할 수 있도록 그들을 돕는다면, 그때 그들은 크게 좋아질 것입니다!

그러나 그렇게 하는 것으로 문제는 해결되지 않습니다. 만일 돈이 문제의 해결책이었더라면 우리는 오늘날과 같은 문제거리들을 가지지 않았을 것입니다.

사실 디모데전서 6장 10절은 돈을 사랑함이 일만악의 뿌리임을 우리에게 가르쳐주고 있습니다.

돈을 사랑하는 것이 모든 악의 근원이라면, 어떻게 돈이 문제 해결에 도움이 되고 축복이 될 수 있겠습니까?

제 말을 오해하시지는 마십시오. 나는 돈이 나쁜 것이라고 의미하는 것이 아닙니다.

우리는 가난한 사람들에게 돈을 주어야 할 필요가 있습니다. 제가 말씀드리고자 하는 바는 돈이 문제해결의 근원, 그리고 축복의 근원이 아니라는 것입니다. 돈은 어떤 일들을 보다 쉽게할 수 있긴 하지만, 그것이 근본적인 해결책은 아닙니다.

인류는 세상의 산적한 문제들을 해결하기 위해 할 수 있는 모든 것을 시도해 왔습니다. 그러나 의도대로 잘 되지 않아 왔습니다. 여러분 스스로 그것을 볼 수 있습니다. 이 세상은 천국이 아닙니다! 나의 대학시절 은사가 "네가 이 세상을 바꿀 수는 없단다. 나는 그렇게 하려고 시도했다. 내 머리카락이 희끗해지도록 나는 그것을 할 수가 없었단다"라고 말씀하신 것을 나는 아직도 기억하고 있습니다.

그렇습니다. 그 은사님의 말이 옳았습니다. 우리는 이 세상을 변화

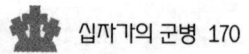

시킬 수 없습니다. 그러나 이 세상을 만드신 예수 그리스도께서는 사람들을 변화시키실 수 있습니다.

뿌리

　돈, 정치, 그리고 차관(loans)은 문제의 표면을 부분적으로만 해결할 수 있습니다. 우리는 문제의 뿌리를 치유하는 해결책을 필요로 합니다.
　우리는 온세상을 변화시킬 수 없습니다. 그러나 우리는 개인적인 삶을 변화시킬 수 있습니다.
　우리가 살고 있는 세상과 사회에서 우리가 당면하는 문제들의 뿌리는 지구상에 살고 있는 수십억 사람들의 마음안에 있음을 나는 믿습니다.
　개개인들이 역사를 만듭니다. 그들은 모두 역사를 만드는 과정에 참여하고 있습니다.
　개개인들은 그들의 공통관심과 목표들을 나타내는 그룹을 만듭니다. 우리는 개인적 수준에서 일해야 합니다. 한 사람을 변화시키십시오. 그러면 그의 가족 모두가 변화받게 될 것입니다!
　한 명의 여인을 변화시키십시오. 그러면 그녀가 양육하고 있는 모든 아이들이 영향을 받게 될 것입니다.
　예를 들어 보겠습니다. 아내와 아이들을 구타하고, 날마다 노름에 빠져있는 술주정뱅이가 있었습니다. 그런데 그가 암에 걸려 죽어가고 있었습니다.

그는 병원에 갔지만, 의사들은 그를 치료할 수 없었습니다. 절망적인 상황에서 그는 치유능력이 있다는 사람을 만나게 되었습니다.

그는 *구루(guru)와 같은 종류의 사람이었습니다. 그 사람은 그를 방문했으며, 거기가서 몇 번 기도 받은 후, 그는 암으로부터 치유받았습니다. 두 달만에 그는 완전히 치유되었습니다.

그러나 그는 아내와 아이들을 때리는 것을 멈추지 않았으며 그리고 다른 악한 일들도 계속 저질렀습니다.

그 사람은 단지 표면만 치료받았으며, 뿌리로부터 치료된 것은 아니었습니다. 그는 전혀 변화받지 못했습니다. 바꾸어 말하면, 이 사람의 삶에서 죄에 대한 자각과 회개가 없었기 때문에, 그의 치료는 쓸모없는 것이었습니다.

세상은 개인들로 구성되어 있습니다.

모든 사람이 범죄하였으므로 하나님의 영광에 이르는 자가 없다고 성경 로마서 3장 23절은 말씀하고 있습니다.

앞에서 제가 언급했듯이 아담과 하와의 죄를 통하여 인류에게 들어온 저주는 이러한 죄의 상태(sinful condition)입니다. 그 죄가 오늘날 우리 안에 뿌리내려 있습니다. 그 죄는 다양한 형태와 모습으로 발전되어 왔습니다. 이러한 죄는 사람들의 마음에서부터 뿌리 뽑아져야 합니다.

강간, 살인, 증오, 분노와 같은 범죄행위는 그들 자신에 근거한 죄(sins on their own)가 아니고, 보다 큰 죄(a greater sin)의 부작용(side effects)이라는 사실을 나는 줄곧 믿어 왔습니다.

* 구루(guru) - 원래는 힌두교의 지도자를 지칭하지만, 영능력자 등을 일컫기도 한다.

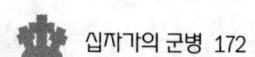

"실제 이 더 큰 죄란 무엇입니까?"하고 당신은 물어볼 것입니다. 혼돈하지 마십시오.

죄는 하나님의 음성과 하나님께서 자신의 선지자들을 통하여 우리에게 주셨던 하나님의 보편적인 법과 예수 그리스도 자신안에서 충족되었으며 성취된 모든 것에 대한 사람의 불순종입니다.

죄는 에덴에서 시작되었으며, 오늘날에도 그것은 계속됩니다.

하나님은 하나님의 아들 예수 그리스도를 이 세상에 보내주셨습니다. 그러나 이 세상은 그분을 거절하였습니다. 인류에 의해 주님과 구세주로서 예수 그리스도를 받아들이지 않고 거절한 것이 사람의 죄입니다.

죄는 제가 말씀드렸던 행동들과 같은 부작용을 가져옵니다. 그러나 죄는 하나님께 불순종함으로 시작됩니다.

우리가 예수 그리스도를 주와 구세주로서 받아들이지 않고 거절할 때, 우리는 정죄함을 받게 됩니다.

그리고, 우리 삶과 가정들, 그리고 사회와 사업, 나라들에서 우리가 하나님의 법(율법 the laws)을 무시할 때, 우리는 정죄함을 받게 됩니다.

죄는 어떻게 사람들로부터 뽑혀질 수 있을까요? 죄인(sinfull man)이 오직 그의 무릎을 꿇고 회개하고 거듭날 때만이 이 일이 일어날 수 있습니다.

그리고 이 일은 오직 우리가 예수 그리스도를 주님으로 영접하고 성령으로 충만해질 때만이 가능합니다. 이것은 단지 새로운 변화의 첫번째 부분입니다.

다른 부분은 하나님의 나라에서 더 좋은 사람 즉, 변화된 사람이 되기 위하여 연단받고 훈련받으려 하는 우리 자신의 기꺼이 하려는 마음에 의해서 와야 합니다. 하나님께서 사랑하는 자들을 연단하시기 때문입니다.

예수님이 해결책입니다.

사도행전 3장은 수년동안 성전 미문 앞에 앉아서 구걸하는 거지 이야기가 나옵니다. 이 사람은 나면서부터 앉은뱅이된 자였습니다. 성전으로 들어가려 하다가 베드로와 요한은 이 사람을 보았습니다. 이 앉은뱅이는 베드로와 요한이 자기에게 돈을 주리라고 생각했습니다. 그러나 베드로는 그에게 말했습니다.

"은과 금은 내게 없으나 내게 있는 것으로 네게 주노니 곧 나사렛 예수 그리스도의 이름으로 걸으라"(사도행전 3:6)

베드로와 요한은 어떤 은이나 금도 갖고 있지 않았으며, 그 사람의 육체적 문제를 해결할 만한 의약품도 갖고 있지 않았습니다. 그러나 그들은 그 사람의 주된 문제거리인 그의 앉은뱅이된 다리를 펴게 할 수 있는 한 가지 이름을 소유하고 있었습니다. 오직 예수의 이름만이 그 앉은뱅이 거지를 치유할 수 있었습니다.

당신의 가족이나 당신 자신의 문제들을 해결할만한 방법들을 당신은 발견하고자 노력해 왔을지도 모르겠습니다.

나는 당신에게 이것을 말씀드립니다.

당신이 믿음으로 예수 그리스도의 이름을 말할 때, 불가능한 것은 없습니다. 그리고 그 분의 이름으로 복음은 온 세상으로 퍼져 나가야 합니다.

  가난한 사람들에게, 그리고 부유한 사람들에게 억압받는 사람들에게, 그리고 억압하는 사람들에게 그리고 가정으로, 도시로, 열방으로, 복음은 퍼져나가야 합니다.

  그 분은 우리를 치유하는 약(medicine)으로서 자신의 모든 피와 물을 쏟으셨습니다.

  그 분은 우리의 죄를 다 없이 하셨으며 뿌리부터 그것들을 제거하셨습니다.

  이사야 53절은 우리의 연약함과 질병을 그 분의 어깨위에 지셨음을 말씀하고 있습니다. 그 분이 상하심으로 우리가 나음을 입었습니다. "하늘에 있는 자들과 땅에 있는 자들과 땅 아래 있는 자들로 모든 무릎을 예수의 이름에 꿇게 하시고 모든 입으로 예수 그리스도를 주라 시인하여 하나님 아버지께 영광을 돌리게 하셨느니라"(빌립보서 2:11~12)

  이 말씀은 강력한 성경말씀입니다.

그 이름을 아는 자는 누구입니까?

  오늘날 이 세상에는 60억명의 사람이 살고 있습니다. 제가 믿기로는 이 세상 인구의 85퍼센트 이상의 사람들이 합당하게 들려져야 하는 방식으로 예수의 복음을 결코 듣지 못했습니다.

  수 백만명의 사람들이 그리스도 없이 태어나며, 그리스도 없이 살며, 또한 그리스도 없이 죽어갑니다. 그렇다면 이 세상에 살고 있는 그리스도인으로서 우리의 역할을 무엇일까요? 우리는 그냥 무익하게 태어났습니까? 우리는 단지 동료 그리스도인들 사이에서 우리끼리만 그리스도인들의 가치 실행합니까?

예수님께서 우리에게 주신 대선교명령(the Great Commission)에 대해서 당신은 어떤 생각을 가지고 계십니까?

당신이 만일 이것을 읽는 그리스도인이라면, 또는 이제 막 그리스도인이 된 사람이면, 복음을 당신 주변의 사람들과 나누는 것이 당신이 의무입니다.

마태복음 24장 14절은 말씀합니다. "이 천국복음이 모든 민족에게 증거되기 위하여 온 세상에 전파되리니 그제야 끝이 오리라"

누가 복음을 전해야 할까요? 당신입니다. 하나님은 당신을 필요로 합니다!

당신의 간증을 나누기 위해서, 당신은 신학교를 6년간이나 다니거나, 목회학 학위를 취득하거나 어떤 연구소나 조직에 가입해야 할 필요가 없습니다.

제발 당신이 신학을 전파하기 위한다면 그렇다면 신학을 공부하십시오. 나는 그것을 반대하지는 않습니다. 지식이란 선한 것입니다. 그러나 당신이 당신의 간증(또는 증거)을 말하므로, 어떤 사람의 삶을 변화시키길 원한다면, 당신은 당신의 입을 열 필요가 있습니다. 예수 그리스도의 복음을 부끄러워 하지 마십시오. 예수 그리스도께서 당신을 위해 행하신 것을 온 세상에 말하십시오.

당신은 그리스도의 신부입니다.

우리는 예수님의 신부입니다.(요한계시록 21장 2절과 9절을 참고하십시오)

우리는 예수님과 결혼했습니다. 비유적으로 교회로서도 그렇고 개인적으로도 또한 그렇습니다. 하나님께서 이 세상을 창조하신 후, 그 분께서 만드신 모든 것이 좋았음을 보셨습니다.

그러나, 단 한 가지 하나님의 눈에 좋아 보이지 않았던 것이 있었음을 성경은 우리에게 가르쳐 줍니다. 주 하나님께서 말씀하셨습니다. "사람이 독처하는 것은 좋지 못하니 내가 그를 위하여 돕는 배필을 지으리라"(창세기 2:18)

주님께서는 남자(man)를 잠들게 하시고 그가 자고 있는 동안, 하나님은 남자의 갈비뼈 중 하나를 취하여, 남자의 파트너로서 여자를 만드셨습니다.

그녀는 남자에게서 취하여졌기 때문에, 여자(woman)라 불리워졌습니다. 히브리어에서 여자란 단어는 남자란 단어와 매우 유사한 소리로 들립니다.

하나님께서 창조하신 많은 것들 중 여자를 외에 아담의 적당한 파트너는 하나도 없었습니다.

아담이 파트너와 돕는자가 필요했으므로 여자는 존재하도록 부르심을 입게 된 것입니다.

수세기 동안, 구약성경에 하나님께서는 이스라엘을 자신의 신부로서 그리고 거룩한 나라로 여기셨습니다.

두 번째 아담(예수 그리스도)이 십자가 위에서 죽으셨을 때, 그분

7장. 십자가의 군병들 177

의 상처로부터 교회가 형성되었습니다. 그러나 아직 활성화되지 않았습니다. 그래서 오순절 날 하나님께서는 이 교회를 취하셔서 거기에 성령을 불어 넣으셨습니다. 그리고 그날로부터 교회는 그 분의 신부가 되었으며, 그 분의 돕는자(His helper)가 되었습니다.

> 예수께서 돕는자(돕는 배필)이 필요하셨기 때문에 교회는 형성되었습니다. 예수님께서 홀로 계시는 것은 좋지 않으셨습니다. 예수님께서는 그 분의 신적 계획을 이 땅의 교회를 통하여 충족시키길 원하십니다. 그리고 당신은 그 교회의 일부입니다. 당신이 일어나야 할 시간입니다. 당신 안에 가지고 있는 세상을 비추는 빛을 당신 주변의 사람들에게 알게 해주어야 할 때입니다. 예수님께서는 대선교명령(the Great Commission)을 총족시키기 위해서 그 분의 제자들을 내보내셨습니다.
>
> 오늘날 그 분은 이 시대의 제자들을 필요로 하십니다. 누가 제자로서 부름받을 만한 가치가 있을까요? 당신입니다. 당신이 그것을 원하기만 한다면 말입니다.

기독교는 일요일에 교회에 가서 예배를 드리고 설교자의 메시지를 듣고, 그리고 그 주간의 나머지날 동안 들은 메시지 대로 살려고 노력하는 것보다도 훨씬 더 그 이상의 것입니다.

기독교는 우리가 살고 있는 이 땅에서 하나님의 목적을 총족시키는 것에 관한 것입니다. 하나님은 이 땅에서 그 분을 드러내는 사람들에게 관심이 있으십니다. 이러한 사람들이 교육을 많이 받았든, 그렇지 않든, 남자든, 여자든, 젊은이건 나이든 사람이든, 가난하건, 부유하건, 그런 것은 별로 중요하지 않습니다. 하나님께서는 하나님을 사랑하고 하나님의 말씀을 순종하는 모든 사람들을 사용하시길 원하십니다.

당신은 스스로 "나는 누구인가?"라는 중요한 질문을 해본 적이 있습니까? 가서 거울을 한번 보십시오. 당신은 누구를 보고 있습니까? 당신은 패배하고 비참하여, 깨어지고 쓸모없는 한 사람을 보고 있습니까? 아니면 그리스도 예수 안에 있는 가능성과 밝은 장래로 충만한 한 사람을 보고 있습니까? 당신은 누구입니까? 성경은 말씀합니다. 우리가 태어나기 전에 주님께서는 우리의 이름을 아셨다고 말입니다. 그 분이 어머니 태속에서 우리를 조성하셨고 우리를 창조하셨습니다.

그때도 그 분은 이땅에서 우리를 위해 준비된 계획을 가지고 계셨습니다. 그러나 우리 하나님은 좋으신 하나님입니다. 그 분은 선하시며 의로우신 하나님입니다.

만일 당신이 그 분의 계획을 선택하지 않는다면 그 분은 결코 우리를 위한 자신의 계획을 우리에게 강요하시지 않습니다.

그러므로 당신을 위한 하나님의 계획은 당신이 가질 수 있는 최선의 것이며, 그 분의 계획은 당신을 사용하여 이 땅에 하나님의 나라가 임하게 하는 것입니다.

제자들이 예수님께 어떻게 기도해야 하는지 가르쳐달라고 했을 때, 예수님께서 이렇게 말씀하셨습니다.

그러므로 이것은 당신이 어떻게 기도해야 하는가를 보여주기도

합니다.

"하늘에 계신 우리 아버지여
이름이 거룩히 여김을 받으시오며
나라이 임하옵시며
뜻이 하늘에서 이룬 것 같이
땅에서도 이루어지이다"(마태복음 6:9~10)

하나님의 나라가 이 땅에 어떻게 임할 수 있을까요?
그것은 바로 당신을 통하여서입니다.

그 분의 나라가 임하시도록 그 분은 당신을 사용하시길 원합니다. 하나님께서는 당신을 찾고 계십니다. 당신이 어디에 있든 당신이 비록 감방안에 갇혀 있을지라도, 당신이 그분께 그렇게 하시도록 허용해 드린다면, 하나님은 당신을 사용하실 수 있습니다.

세상을 보십시오. 악이 많은 사람들을 지배하며 영향력을 행사하고 있습니다. 얼마나 많은 사람들이 마약으로 죽어가고 있으며, 얼마나 많은 여성들이 자신의 남편에게 구타를 당하고 있는지 잘 보십시오.

그리고 또 인터넷을 보십시오. 그리고 악령들이 그것을 어떻게 지배해 왔는지를 보십시오.

텔레비전 프로그램을 보십시오. 얼마나 많은 폭력과 피흘림이 난무하는지를. 당신이 살고 있는 지역의 어두운 곳에 가서 주변을 걸어보십시오. 그리고 얼마나 많은 사람들이 사회의 악하고 더러운 밑바닥에서 살고 있는지를 보십시오. 신문을 읽어보십시오. 얼마나 많은 어린이들이 학대를 당하며 얼마나 많은 가정들이 붕괴되어 갈라지는지를..

교회의 역할이 무엇입니까?

건물만 덩그러니 있는 교회는 이 세상을 변화시킬 수 없습니다. 교회는 당신과 함께 출발합니다. 당신은 교회의 일원입니다.

하나님은 당신의 성별이나 연령에 관계없이 당신을 사용하셔서 당신을 영웅으로 만들기 위해 당신을 창조하셨습니다.

당신은 지금 어디에 있습니까?

당신은 어디에서 끝났습니까?

이 세상에서 당신이 원하는 것은 무엇입니까? 당신은 당신의 돈을 가져갈 수 없으며, 당신의 자동차와 당신의 재산도 당신이 이 세상을 떠날 때 함께 무덤으로 가져갈 수 없습니다.

당신은 이러한 재물을 어디에 사용할 것입니까?

사람들이 당신을 보고 무어라 합니까? 한때 당신은 주님과 함께 있기 위해 나섰던 적이 있습니다. 사람들은 어딘가 다른 사람으로서 당신을 기억하고 있습니까?

당신은 무엇이 되길 원합니까? 십자가의 군병, 하나님의 영웅 아니면 다른 사람들처럼 평범한 사람이 되길 원하십니까?

자, 지금 가서 다시 한 번 거울을 보십시오. 당신은 누구를 보고 있습니까? 당신이 누구를 보고 있는지 제가 말씀드리겠습니다.

당신은 잠재적 영웅(potentia hero)을 보고 있습니다.

당신은 하나님의 어린이를 보고 있습니다.

당신은 지금 하나님께 쓰임받을 준비된 한 사람을 보고 있스니다.

베드로전서 2장 9절은 말씀합니다.

"오직 너희는 택하신 족속이요
왕같은 제사장들이요
거룩한 나라요 그의 소유된 백성이니
이는 너희를 어두운데서 불러내어 그의
기이한 빛에 들어가게 하신 자의
아름다운 덕을 선전하게 하심이라"

당신의 목적

이제 당신이 일어나서 마귀를 대적하고 그의 흑암의 왕국을 공격해야 할 때입니다! 마귀가 결코 편안히 악한 일들을 행하지 못하도록 당신은 무엇을 할 것입니까? 당신이 교회부엌에서 단지 그릇을 씻거나, 설교자의 책상을 청소하는 것으로 마귀는 전혀 타격을 받지 않습니다. 마귀의 왕국을 위협하기 위해 당신은 당신의 목적을 반드시 알아야만 합니다!

예수님은 자신이 이 땅에 오신 목적을 알고 계셨습니다.
요한은 말했습니다. "하나님의 아들이 나타내신 것은 마귀의 일을 멸하려 하심이라"(요한 1서 3:8)
당신의 목적도 동일합니다!

예수님은 모든 믿는 자들에게 그 분의 권능과 권위를 위임하셨습니다.(마태복음 18:18을 보십시오) 그리고 그 분은 '믿는 자들에게는 표적이 따른다'고 말씀하셨습니다.

"믿는 자들에게는 이런 표적이 따르리니 곧 저희가 내 이름으로 귀신을 쫓아내며 새 방언을 말하며 뱀을 집으며 무슨 독을 마실지라도 해를 받지 아니하며 병든 사람에게 손을 얹은즉 나으리라"(마가복음 16:17~18)

물론 예수님께서 우리가 독을 마시거나 뱀을 집어라고 제안하시는 것은 아니었습니다.

우리의 목적이 병든 자를 치유하고, 귀신들을 쫓아내고 그리고 다른 많은 일들을 행함으로 마귀의 왕국을 허물어 뜨리는 것이기 때문에 마귀가 우리에게 해를 끼칠 수 있는 것은 아무것도 없다는 것을 주님은 말씀하셨던 것입니다.

이제까지 당신은 이런 일들은 전도자나 목사님이 해야 하는 일로 생각해 왔을 수도 있습니다. 아닙니다. 전혀 그렇지 않습니다. 예수님게서는 당신도 포함된 모든 믿는 자들에게 말씀하셨습니다.

당신은 예수 그리스도로부터 권능과 권위를 받았습니다. 예수님께서 당신에게 치유하는 권리, 기도할 수 있는 권리, 그리고 귀신을 쫓아낼 권리를 주셨습니다.

당신의 권위를 실행하십시오!

그리스도 안에서 당신의 대담함과 공격적인 기도를 통하여 마귀의 손아귀에서 고통당하는 사람들은 자유게 될 수 있으며 하나님의 나라안으로 들어올 수 있습니다.

당신은 치유와 구원을 당신의 가족과 당신의 이웃, 그리고 당신이 살고 있는 도시 그리고 당신의 나라에 가져올 수 있습니다.

당신은 당신을 향하신 하나님의 계획을 알고 충족시킴으로 역사의 진행 과정에조차 영향을 미칠 수도 있습니다.

당신은 권능이 있습니다. 그것을 사용하십시오!

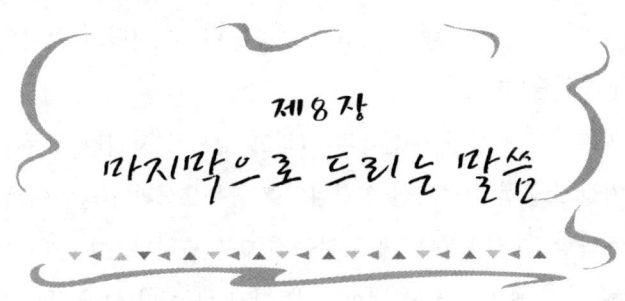

제8장
마지막으로 드리는 말씀

이 책에서 제가 여러분과 함께 나눈 나의 삶을 뒤돌아 볼 때 그것은 마치 하나의 꿈처럼 보여집니다.
 마치 영화에서처럼 여러 사건들이 내 마음을 파노라마처럼 통과해 지나갑니다.

 내가 알고 있으며, 섬기는 하나님은 얼마나 놀라우신 분인지요! 십자가 위에 달리신 예수님의 초상화를 팔고 있던 사람과 운동장 한켠에 교회당이 있던 내가 다니던 학교를 회상해 봅니다.
 또한 나는 플라스틱 십자가를 내게 주었던 초등학교 때의 친구를 기억합니다.
 그것보다 더욱 선명히 기억하는 것은 스페인에서 묵고있던 호텔에서 경험한 주님의 방문과 "나는 문밖에서 두드리고 있단다…"고 말씀하시던 주님의 들리는 음성(audible words)입니다.

이런 모든 일들은 내 자신의 인생에 극적인 충격을 주었을 뿐만 아니라, 나의 사역에서 내가 사람과 마주쳤던 수 천명의 삶에도 또한 충격을 주었습니다.

내가 과거에 경험한 사실들과 그리고 앞으로 오게될 모든 것들은 나의 가장 소중한 친구이신 성령님의 기름부으심과 권능안에서 이 여행을 계속할 수 있도록 내게 도전을 주고 있습니다. 그 분은 저를 돕기 위해 제 옆에 대기하고 계십니다. 이제 나는 더 이상 플라스틱 십자가를 가지고 다니는 어린 소년이 아닙니다.

잠자리에서 일어나는 매일 아침마다, 나는 군인처럼 나의 진정한 '십자가'를 취하고 그것을 내 몸에 지닙니다. 이제 나는 플라스틱으로 만든 십자가 군병이 아니라, 참된 십자가의 군병입니다.

하나님은 오늘날 혁명적인 그리스도인들과 하나님의 왕국에서 경계와 제한이 없다는 사실을 알고 있는 그리스도인들을 원하십니다.

당신이 스스로 원하고, 당신이 주님으로 받은 위임들을 충분히 진지하게 받아 들인다면 당신은 달라질 수 있습니다.

당신은 당신의 모든 거룩한 열정과 예수 그리스도께 대한 사랑으로 주님을 섬김으로 그것을 할 수 있습니다. 예수님이 말씀하신 것을 읽어보십시오.

"내가 참 포도나무요. 내 아버지는 그 농부라. 무릇 내게 있어 과실을 맺지 아니하는 가지는 아버지께서 이를 제해 버리시고 이를 깨끗케 하시느니라"

"너희는 내가 일러준 말로 이미 깨끗하였으니 내 안에 거하라 나도 너희 안에 거하리라 가지가 포도나무에 붙어 있지 아니하면 절로 과실을 맺을 수 없음같이 너희도 내 안에 있지 아니하면 그러하리라"(요한복음 15:1~4)

주님께서 또 말씀하셨습니다.

"너희가 나를 택한 것이 아니요 내가 너희를 택하여 세웠나니" (요한복음 15:16)

많은 사람들이 당신의 증거를 기다리고 있음을 기억하십시오. 잊지 마십시오. 누군가 문앞에서 두드리고 계십니다.
그 분은 당신을 사용하시길 원합니다!
문을 여십시오! 그 날을 시작하십시오! 그 날을 굳게 붙잡으십시오! 단순히 그리스도인만 되는 것으론 부족합니다. 영웅이 되십시오. 십자가의 군병이 되십시오.

십자가의 군병

인쇄일 - 2001년 11월 30일
 2쇄일 - 2002년 7월 20일
지은이 - 사무엘 리
엮은이 - 김병수
펴낸이 - 장사경
펴낸곳 - Grace 은혜출판사
출판등록 - 제 1-618호(1998. 1. 7)
주소 - 서울시 종로구 숭인2동 178-94
전화 - 744-4029
FAX - 744-6578, 080-023-6578
ISBN 89-7917-418-7   03230

(T) 744-4029, (F) 744-6578